认识基金经理的
投资风格

景顺长城基金管理有限公司◎编著

机械工业出版社
CHINA MACHINE PRESS

经历了基金市场近几年的跌宕起伏后，基民心中可能充满疑惑。主动权益的基金经理曾经给大家带来了丰厚的收益，却也在逆风时遭遇了较大的回撤。对于基民来说，究竟应该如何看待基金经理的业绩与行为表现？事实上，不同的投资风格可能会给基民带来迥异的投资体验，只有理解投资风格才能理解基金经理的行为表现。因此，了解基金经理，应从投资风格开始。而目前市场上尚缺"如何系统性认识投资风格"的方法论输出，本书希望通过系统性介绍认识基金经理投资风格的方法论，梳理主流投资风格的分类和特征，帮助投资者初步构建起分析投资风格的知识框架，从而能够选择适合自己的基金经理，更好地持有基金，实现自己的投资目标。

图书在版编目（CIP）数据

认识基金经理的投资风格 / 景顺长城基金管理有限公司编著. —北京：机械工业出版社，2023.12

ISBN 978-7-111-75043-7

Ⅰ．①认⋯　Ⅱ．①景⋯　Ⅲ．①投资基金—研究—中国　Ⅳ．①F832.51

中国国家版本馆 CIP 数据核字（2023）第 256822 号

机械工业出版社（北京市百万庄大街 22 号　邮政编码 100037）
策划编辑：王　涛　　　　　责任编辑：王　涛
责任校对：韩佳欣　陈　越　责任印制：李　昂
河北宝昌佳彩印刷有限公司印刷
2024 年 2 月第 1 版第 1 次印刷
170mm×230mm・12.25 印张・120 千字
标准书号：ISBN 978-7-111-75043-7
定价：59.00 元

电话服务　　　　　　　　　网络服务
客服电话：010-88361066　　机　工　官　网：www.cmpbook.com
　　　　　010-88379833　　机　工　官　博：weibo.com/cmp1952
　　　　　010-68326294　　金　书　网：www.golden-book.com
封底无防伪标均为盗版　　　机工教育服务网：www.cmpedu.com

编 委 会

总策划

康 乐

主 编

李 黎

编 委

刘昌源　林　峥　莫心宁

专业指导

上海证券基金评价研究中心

前言

最开始想组织编写基金经理投资风格的相关内容,是在2022年初。

那时,在经历2021年初的急速回调后,市场再度迎来持续数月的大幅度普跌,投资者情绪伴随基金净值一起遭到打击。我们意识到,基金市场2019—2021的三年红火期或许告一段落了,在下一个上行周期到来之前,需要为基金投资者做一些事情。

实际上,在这之前的几年时间里,我们已经做了多项关于基金投资者的调查研究工作,在帮助我们了解投资者的同时也帮助投资者了解自己。我们在调查中发现,投资者想了解基金经理,但这个了解的过程是存在障碍的。虽然购买了基金,但许多投资者仍然觉得与基金经理距离遥远。

景顺长城基金管理有限公司(以下简称"景顺长城基金")联合中国基金报和蚂蚁财富于2020年推出的《权益类基金个人投资者调研白皮书》中也显示,投资者在投资过程中,有一大障碍便是"认识基金经理"。有44%的受访者表示,投前应关注基金经理业绩。有相近比例的受访者表示,买入前的决策障碍就是"不熟悉基金经理,无法判断其能力与水平"。

过去几年,市场风格常常极致演绎,而后又出现急速切换。

认识基金经理的投资风格

前一年的领跑者,可能在下一年就落后于人,难有"常胜将军"。"不了解基金经理"这一问题在这样戏剧化的市场里造成了投资者心中的众多"为什么":为什么市场这么好,但基金涨得这么慢?为什么要买那些不知名的公司,是标新立异吗?为什么跌了这么久,还坚持原来的持仓?

对投资者来说,基金经理这个群像是模糊的、陌生的,模糊和陌生容易带来误会,而误会可能会带来对基金经理认知的正反偏见:2019年开始的基金大年里,基金经理的形象和能力可能被放大了;而当遭遇持续的业绩低迷,基金经理的形象又一落千丈。殊不知,业绩起起伏伏和各不相同的投资行为背后,都离不开一个要素的推动,那就是投资风格。

在有关基金投资的众多话题中,虽然投资风格被提及的频率并不是太高,但它对基金投资有着切切实实的、非常重要的影响。一方面,投资风格是基金经理在投资这件事上思想、能力、行为的集中反映,是投资者认识并理解基金经理的重要一环,也是选择基金的关键要素;另一方面,A股市场近年来风格切换越发显著,投资风格与市场风格具有较强的相关性,基金经理因投资风格不同带来的投资行为和基金业绩差异更为明显。

在业内,景顺长城基金是较早系统性梳理基金经理投资风格的基金公司,长期以来一直注重基金经理投资风格的培养与管理,并且在基金经理的评价与分析中充分考虑风格因素的影响,积累了大量与投资风格相关的实践经验。因此,我们最后选定的方向是"认识基金经理的投资风格"。

前言

围绕认识基金经理、了解投资风格的主题,本书从基金经理的基本特点,投资风格的重要性、分类、影响要素,投资者风格等角度,阐释认识基金经理及投资风格的方法和途径,并介绍如何运用投资风格实现投资目标。

虽然在投资市场低迷的阶段,向读者推出这方面的内容可能不太讨巧,但逆风期正是理解和考察基金经理的绝佳时间窗口。极端的市场,不仅考验着基金投资者的心态,也考验着基金经理的心态和能力,基金经理投资风格的特点会在这样的市场环境下充分暴露。而历经市场磨砺和考验,依然能够在市场中存活并精进的基金经理,自然是"有两把刷子的"。

认识基金经理的投资风格是如此重要,但有些内容不易理解,对于大多数投资者来说存在一定的专业门槛和难度,我们在编写本书的过程中越来越深刻地体会到这一点。因此,我们尽量把晦涩的专业内容转化为通俗易懂且有趣的语言,按照基础及进阶划分内容。通过基础的内容,帮助新手投资者构建对投资风格的初步认知,建立投资风格的基础框架;通过进阶的内容,帮助对基金经理和投资有一定认知、对深度研究基金经理感兴趣、想深入挖掘投资风格的投资者,更好地运用投资风格构建投资组合、把握投资机会等。

另外,对于投资风格的定义、分类,目前市场上还没有共识和标准。市场快速变化,基金经理也在不断迭代优化自己的投资风格,有时我们会发现撰写的速度赶不上市场变化的速度,还有时我们会发现按照业内通行标准所界定的投资风格可能与基金经理对自身风格的认知或者市场对其的印象不一致。如同基金行业的快速发展，与投资风格相关的知识也是动态发展的，所以本书仍有诸多不足之处，我们也在不断学习、更新和积累。

当然，投资风格的意义绝不限于投资者层面。对于基金经理来说，为了在市场中取得长期的优秀业绩，建立与自身性格、经验和能力相匹配的投资风格，研究投资风格也是很有必要的。基金经理需要常常审视自己的投资，判断自己收益的来源，思考自己是否拥有清晰的投资理念、严谨的投资纪律，以及投资表现与投资风格的一致性。对于基金公司来说，可以依据投资风格，进行人才培养，组建丰富多元的投资团队；让产品特征与基金经理投资风格相匹配，把对的人放在对的位置；充分考虑投资风格因素，更全面地考核判断基金经理的业绩。

对于想投资股市又不想费心费力研究选股的普通投资者来说，虽然基金是一个相对省心的选择，但是当基金规模越发壮大时，面对一两百家基金公司、一万多只基金，想要从中选取真正适合自己的好基金难度很大。认识基金经理，了解投资风格，是有助于广大投资者做好基金投资的。即使基金有着普惠金融的特性，要想做好基金投资也需要我们不断学习。

2023年8月，为加快推进基金行业高质量发展，中国证券投资基金业协会制定发布了《公开募集证券投资基金投资者教育工作指引（试行）》，明确投资者教育工作的目标包括帮助投资者增强投资认知、提高投资技能、健全投资理念三个方面。投资者教育工作要有普惠性、针对性和长期性，应坚持面向社会公众，为各类投资者提供他们所需的教育服务；

面向不同类别的受众群体，提供符合其认知水平和需求的知识内容，普及教育与专项教育相结合。

虽然基金管理人被赋予了投资者教育的职责，但是在基金投资认知、投资技能、投资理念这些方向上，我们依然认为"授人以鱼不如授人以渔"，帮助投资者构建投资框架，让其有的放矢地去获取自己所需要的东西，从长远来看或许更加有利。从开始撰写本书，到最终成稿出版，基金市场仍没有走出低迷期。但正如我们在立项之初所说的，"悲观者正确，乐观者成功"。在低谷期，做好知识上、心理上和财务上的准备，挺过终将逾越的寒冬，迎接定会来临的春天。

最后，衷心希望本书能够对行业产生些许促进作用，希望广大投资者能够通过投资基金切切实实赚到钱。

编者

2024 年 1 月

目录

前言

第 1 章 初识基金经理：从投资风格开始

1.1 基金经理是一个怎样的群体 / 001

1.2 基金经理的任务和职责 / 005

1.3 基金经理在投资中的重要性 / 006

1.4 从基金经理的投资风格开始 / 007

第 2 章 关注基金经理：投资风格的重要性

2.1 投资风格分类 / 014

  投资小故事一 投资江湖的"剑气之争" / 015

2.2 投资风格与市场风格具有较强相关性 / 017

  投资小故事二 "在盐碱地里种庄稼"的杨锐文 / 018

2.3 不同投资风格的基金持有体验差异巨大 / 020

2.4 投资风格是选择基金的关键要素 / 021

  2.4.1 验证投资逻辑 / 022

  2.4.2 实现业绩归因 / 023

  2.4.3 风险偏好、预期收益相符合帮助投资者长期持有 / 023

扩展阅读一　基金经理投资风格几个易混淆的概念 / 024
扩展阅读二　基金经理投资风格分析现状与局限 / 028

第3章　了解基金经理：什么在影响投资风格

3.1 主流风格盘点 / 034

    3.1.1　市值规模风格维度 / 035

    3.1.2　价值成长风格维度 / 051

3.2 个人学习经历与工作经历 / 069

    3.2.1　学习经历 / 069

    投资小故事一　《孙子兵法》之于李进 / 072

    3.2.2　工作经历 / 075

    投资小故事二　审计出身的投资玩法 / 076

    3.2.3　投资经历 / 077

    投资小故事三　大萧条后的格雷厄姆与费雪 / 078

3.3 公司制度与文化 / 079

    3.3.1　公司制度 / 079

    3.3.2　公司文化 / 080

3.4 市场环境与时代背景 / 081

    3.4.1　市场风格 / 082

    3.4.2　基金规模增长 / 084

    3.4.3　时代背景 / 085

    扩展阅读　基金经理风格管理的境外实践 / 088

目录

第 4 章　选择基金经理：先认识自己的风格

4.1　认清自己的风险承受能力和风险偏好 / 096

 4.1.1　认识和初评风险承受能力 / 097

 4.1.2　明确自身的风险偏好 / 099

 4.1.3　看待风险承受能力和风险偏好的原则 / 101

4.2　摸清自己的投资"性格" / 106

 投资小故事　"挑选"基民的基金经理 / 110

4.3　投资风格的匹配有助于进行长期投资 / 111

第 5 章　选择基金经理：路径和机构的经验

5.1　认识基金经理的途径 / 116

 5.1.1　直播、路演、访谈 / 116

 5.1.2　基金定期报告 / 117

 投资小故事　一季一度"作文大赛" / 120

 5.1.3　基金评价及评级 / 123

5.2　如何通过持仓了解基金经理投资风格 / 125

 5.2.1　资产配置与仓位选择 / 125

 5.2.2　基金十大重仓股 / 130

 5.2.3　基金全部持股 / 135

 5.2.4　案例分析——景顺长城策略精选 / 138

5.3　更深入理解不同风格产品业绩 / 146

 5.3.1　风格 β 与主动管理 α / 146

    5.3.2　善用风格类型客观评价基金经理业绩 / 147
    扩展阅读　基于持仓的业绩归因——Brinson 模型 / 150
  5.4　专业人士和机构如何挑选基金经理 / 151
    5.4.1　机构选基金经理的异与同 / 151
    5.4.2　基金经理如何选基金经理 / 155
  5.5　如何看待基金经理的短期和长期业绩 / 161

第 6 章　追随基金经理：结合投资风格实现投资目标
  6.1　追踪并评价基金经理的投资风格 / 164
    6.1.1　把握代表产品与基金经理风格 / 164
    6.1.2　风格清晰度及风格稳定性 / 168
  6.2　依据基金风格构建投资组合 / 169
    6.2.1　均衡配置 / 170
    6.2.2　风格维度的交叉运用 / 170
  6.3　巧用基金风格把握投资机会 / 171
    6.3.1　价值防守、成长进击 / 172
    6.3.2　投资风格中的逆向思维 / 173
  6.4　契合基金风格实现投资目标 / 175

第1章
初识基金经理：从投资风格开始

1.1 基金经理是一个怎样的群体

在三年前股市和基金红火的背景下，基金经理这个职业前所未有地出圈了；而市场降温后，有关基金经理的话题热度又渐渐趋于平淡。这一起一落之后，投资者对基金经理这个群体的认知依然是有些模糊的：他们是"学霸"，是基金的管理者和运作者，是受人之托帮大家理财赚钱的专业投资者，是普通投资者日常生活中比较难接触到的专业人士……

虽然越来越多的基金经理通过参与直播、提供路演、书写信息披露文件等多种方式努力拉近与投资者之间的距离，试图让投资者了解自己、理解自己的投资逻辑，但投资者了解基金经理的主要途径仍然是"道听途说"，即便是看过基金经理的路演，大多也是偏宏观和整体性的，很难真正理解他们做出的每一个投资决策，无法真正看到他们是如何应对市场的各种风起云涌的。有句俗语叫"眼见为实，耳听为虚"，即使是曝光度最高的"明星基金经理"，对于投资者而言也只能是"熟悉的陌生人"。

基金经理究竟是一个怎样的群体？由于所管理的基金产品的不同，这个群体其实很难一概而论。相对于管理固收类基金、被动指数基金的基金经理来说，以股票为主要投资对象的、主动管理型基金的基金经理可能是普通投资者更为熟悉的。

截至2023年6月30日，主动权益基金经理的数量为2,273人（数据来源：上海证券，统计普通股票型、偏股混合型、灵活配置型基金的基金经理）。虽然对于一种职业来说，2,000多人的数量可谓小众，但也可以从侧面证明其职业要求和标准是颇高的。

这种高要求和高标准首先体现在准入门槛上，最直观的便是学历背景。基金经理学历情况的统计结果显示，在任基金经理中，超过96%拥有硕士研究生及以上学历，其中博士研究生学历占比超10%，仅3.85%为本科学历，如图1-1所示。

进一步对1,806份披露了基金经理毕业学校信息的简历进行统计，按在任基金经理毕业学校出现次数排序，排名前10

第 1 章 初识基金经理：从投资风格开始

的学校依次为北京大学、复旦大学、清华大学、上海财经大学、上海交通大学、中国人民大学、南开大学、厦门大学、南京大学、中央财经大学，如图 1-2 所示。

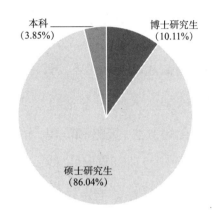

图 1-1 在任基金经理学历分布

资料来源：聚源，上海证券基金评价研究中心

（截至 2023-06-30）

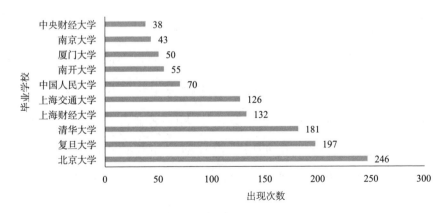

图 1-2 在任基金经理毕业学校 TOP10

资料来源：聚源，上海证券基金评价研究中心

（截至 2023-06-30）

认识基金经理的投资风格

当然，虽然更高的学历、更好的学校并不代表一定能更好地进行投资，但夺目的学历背景至少反映了基金经理优异的学习能力、丰富的知识储备，以及勤奋、自我驱动力强的特质，而这些都是在复杂的金融市场中做好投资管理工作的重要前提。

基金经理这一职业的高要求和高标准还体现在"专业"上，也就是投资方法和策略。相对于普通投资者来说，基金经理做投资有更为专业化的方法、策略和流程，并且不是单打独斗，他们的背后有基金公司投研团队的支持。对于基金产品，投研团队首先会设定投资目标，框定投资范围，制定整体的资产配置方案，之后会针对股票、债券等不同资产制定相应的投资策略。在选股方面，投研团队会依据不同基金的投资目标，按流程筛选出个股，进而构建多级股票库，为基金经理提供研究支持。

更进一步来说，"职业"也是基金经理这一职业高要求和高标准的体现，即"管理好自己的投资组合"是基金经理的职责所在。基金经理管理着数额巨大的基金，基金的业绩表现承载着万千投资者的期望，也时刻处在与同行的对比与赛跑中，这要求基金经理拥有良好的抗压能力，能够保持稳定的情绪。在面对市场剧烈波动时，要求基金经理能够保持异于常人的镇定，理性客观地做出分析和决策。尤其是在阶段性落后和遭到投资者质疑时，基金经理必须能够不因怀疑而轻易动摇，并拥有时刻省视自身且当意识到有可改进之处时能及时调整和修正的能力。

1.2 基金经理的任务和职责

简单来说，基金经理是基金投资的主要决策者，负责决定资产配置、仓位管理、个股选择、止盈止损操作等投资事项，在追求收益的同时兼顾风险管理。

为此，基金经理需要对相关行业或个股进行深入研究，找到最具投资价值且符合基金投资目标的投资标的；时刻保持对市场的密切跟踪，对投资组合的各项指标进行实时监控，对随时可能发生的变化做出应对之策；定期对基金组合表现进行绩效归因和回顾总结，并制订未来的投资计划。

在运作期间，基金经理会定期对基金投资组合进行分析回顾，通过定期报告等渠道向投资者传达对未来市场的展望和投资规划。当市场出现异常波动或相关热点时，基金经理也会不定期进行解读并表达观点，辅助投资者更好地做出决策。

此外，在基金销售端，通过与投资者沟通，基金经理也可以发挥一定作用。比如，在售前就基金定位与投资者进行沟通，帮助基金持有人对可能面临的风险和收益形成合理预期，是投资者适当性匹配的重要一环。基金公司与基金经理对他们的投资理念、策略进行总结梳理，传递给投资者，进而帮助投资者在认可基金经理投资行为背后的逻辑的基础上购买基金，减少冲动购买及常常随之而来的因难以承受波动而亏损离场。

1.3 基金经理在投资中的重要性

产品定位、基金经理、基金公司是影响基金业绩的重要三元素。从基金产品层面来看，基金招募说明书中明文确定的产品定位为基金经理的实际管理画了个大圈，如何实现目标仍然因人而异。基金公司的企业文化、考核机制等非常重要，这些重要因素最终会透过基金经理的执行层面来体现。因此，我们常常把基金经理称为"基金的灵魂"。

人们常说，买基金就是买基金经理。作为"灵魂"人物，基金经理显然值得基金投资者研究、研究、再研究。具体来看，基金经理在投资中的重要性体现在以下两个方面：

一方面，基金经理遵守职业准则，勤勉尽责，以投资者利益为先，是最基本的前提。基金经理对基金投资行为负责，其判断和决策直接决定了基金的业绩表现，因此，选对基金经理就是投资成功的开始。基金经理凭借对特定领域的深入理解，选择优秀企业进行持有，投资者通过买入基金经理所管理的产品，就能借助基金经理的研究能力实现较低门槛的投资,所以基金经理的能力自然是投资者选择的重要标准。

另一方面,基金经理对投资组合风险与机遇的权衡取舍,以及对回撤的控制目标和实现情况,可能会带来风险收益特征的巨大差异。在上涨市、下跌市、震荡市等不同市场阶段,选择不同的基金经理可能意味着迥异的投资体验。

1.4 从基金经理的投资风格开始

面对未曾谋面的基金经理,投资者要准确地做出"是否值得托付血汗钱"的判断无疑是很难的。这个难度,在某种程度上与找对象有点相似。在茫茫人海中,找到那个"他／她"很难,在2000+数量级的基金经理中找到一位合适的基金经理也不容易;朝夕相伴的对象,最终合适不合适也是一个未知数,因为日久才能见人心,长期持有的基金也需长时间检验基金经理的能力。

于是,我们开始借助各种各样的标签来缩小选择范围,增大选到长期合适对象的概率,如身材、样貌、性格、学历、工作等。选择基金经理时也有诸多标签,我们称之为指标。比如,在Wind数据库里,与基金经理有关的指标分为基本资料、绩效评估、基金经理指数三大类,进一步涵盖年限、规模、年化收益率、波动率、最大回撤、获奖次数等32个细分指标。从投资者的实践来看,基金经理的过往业绩表现受到更

认识基金经理的投资风格

多关注。

以上指标大多仅能从单一维度刻画基金经理的某一个特征，投资者需要的是一个能够反映基金经理综合特征，且对挑选基金更具指导性的指标。由此，我们选择将投资风格作为认识基金经理的首要切入点。

首先，投资风格是一项综合性指标，是基金经理在投资这件事上思想、能力、行为的集中反映。基金经理基于过往履历（学历+工作经历）、人生观、世界观、价值观构建了自身的能力圈，并基于自身的能力圈发展出了独特的投资风格。

基金经理的投资风格涉及基金投资的方方面面，包括构建组合时是更重视大类资产配置还是个股选择抑或是交易时机的把握，也包括个股选择时是有风格、产业偏好还是全市场无差别选优等。

如此包罗万象的投资风格显然也影响着基金投资者的整个投资全生命周期，从做出买入决定起，到遭遇价格波动做出是继续持有还是换仓或清仓的决策，最终影响投资者是否能够成功实现财富保值增值的根本目标。

其次，我国A股市场历来以大中小盘、价值成长风格切换和板块轮动频繁著称，以A股市场股票为主要投资标的的主动管理型权益基金，基金经理因为个股选择倾向性造成的投资风格差异更为明显。

A股市场牛短熊长，波动巨大，且风格的切换颇为极致，

第 1 章 初识基金经理：从投资风格开始

一旦踩错风格和节奏，收益就可能存在天壤之别。而在具有这样特点的市场下，把握基金经理投资风格的重要性就突显而出。

一方面，A 股市场的波动确实较其他市场更大，如图 1-3 所示。统计 2005—2022 年区间内的表现可知，上证指数、深证成指的年化波动率均高于全球主要市场指数，见表 1-1。

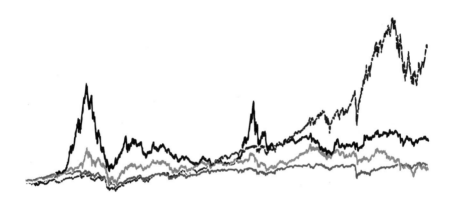

—— 上证指数 ------- 纳斯达克指数 —— 英国富时100 —— 恒生指数

图 1-3　A 股市场波动较大

资料来源：Wind，上海证券基金评价研究中心

（时间区间：2004-12-31—2023-06-30）

表 1-1　A 股市场波动较大

股票指数	年化波动率（%）		最大回撤（%）	
	2005—2022 年	2013—2022 年	2005—2022 年	2013—2022 年
深证成指	27.89	24.03	-70.98	-60.83
上证指数	23.74	20.10	-71.98	-52.30
德国 DAX	21.60	19.70	-54.77	-38.78
日经 225	21.54	20.74	-61.37	-31.80

认识基金经理的投资风格

（续）

股票指数	年化波动率（%）		最大回撤（%）	
	2005—2022年	2013—2022年	2005—2022年	2013—2022年
法国CAC40	21.03	18.85	−59.16	−38.56
恒生指数	21.28	18.70	**−65.18**	**−55.70**
纳斯达克指数	19.89	18.71	−55.63	−36.40
标普500	17.96	16.45	−56.78	−33.92
英国富时100	17.39	15.21	−47.83	−36.61

注：1. 数据来源于Wind、上海证券基金评价研究中心。
2. 时间区间：各年度1月1日至2022年12月31日。
3. 加粗数据为波动率和最大回撤排名前三的统计数据。

另一方面，A股市场内部，大中小盘、价值/成长风格切换频繁，板块轮动较快，结构性机会丰富。如图1-4、图1-5、图1-6所示，按年度来看，不同风格的涨跌交替错落，风格切换迅速。

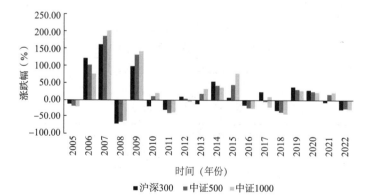

图1-4 A股大中小盘年度涨跌幅

资料来源：Wind，上海证券基金评价研究中心

（时间区间：2004-12-31—2022-12-31）

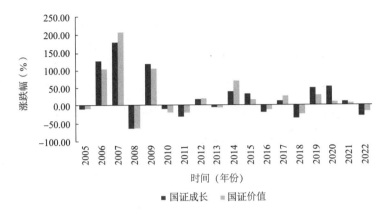

图 1-5 A 股价值/成长板块年度涨跌幅

资料来源：Wind，上海证券基金评价研究中心

（时间区间：2004-12-31—2022-12-31）

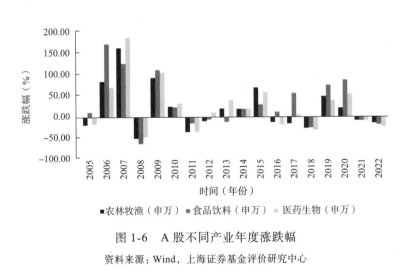

图 1-6 A 股不同产业年度涨跌幅

资料来源：Wind，上海证券基金评价研究中心

（时间区间：2004-12-31—2022-12-31）

在这样的市场特征下，可以看到聚焦 A 股市场的主动权益基金经理基于自身的能力圈形成了各类个股选择的"投资风格"，既有人被称为成长股"捕手"，也有坚定的价值投资者；

认识基金经理的投资风格

既有大盘蓝筹的"信徒"，也有小盘股的不懈挖掘者。在 A 股市场，这些风格都曾有过发挥其优势的舞台和阶段，短期来看不同风格基金的业绩存在较大差异。不同的投资风格有的看重景气度、可能性和成长性，有的看重安全边际、现金流和稳定性，其侧重点各有不同，但归根结底，这些投资风格所分析的要素并没有脱离基本面分析的大框架。这也意味着不同风格的长期投资收益离不开公司的成长壮大，回归到本质上也就是中国经济的增长。因此，虽然不同投资风格的短期表现可能相去甚远，但是拉长来看差距是逐步收敛的，直至长期年化收益接近。

纵然如此，不同投资风格带来的投资体验确实是不尽相同的，基金经理的投资风格最终体现在管理基金的方方面面。因此，本书以基金产品为载体，探讨基金经理风格对投资者投资基金的重要意义。

第 2 章
关注基金经理：投资风格的重要性

为了实现"赚钱"的终极目的，基金经理的"投资武器"千差万别。而当投资理念逐渐成熟、投资框架搭建成型后，大部分基金经理开始建立较为稳定的习惯与偏好。这种过往投资中展现出来的习惯、偏好，便可以称之为投资风格。

如同商品、影视、音乐的标签一样，基金经理投资风格也是帮助投资者快速定位和了解基金产品的一种标签。被打上同一标签的基金经理，必然具备一些有别于其他标签基金经理的共性，这些共性将在一定程度上影响投资者的回报和投资感受。

需要说明的是，当前我国基金的底层资产主要包括股票和债券[一]。总体来说，投资股票的主动管理权益基金受基金经

[一] 虽然也有基金投向高速公路收费权或物流园区（如REITs）、商品（如原油、黄金）、股指期货（如对冲产品）等其他类别的底层资产，但由于数量较少、规模较小，本书仅讨论股票和债券两类底层资产的情况。

理投资风格的影响更大，因此，本书将着重讨论主动管理权益基金经理的风格（如无特殊说明，后文提及的基金经理均指主动管理权益基金经理）。

伴随着移动互联网的兴盛，成长、价值、平衡、大盘、小盘……各类风格的描述常常见诸各类分析基金经理的视频和文章，这些风格到底是什么意思？划分基金经理投资风格的主流标准是什么？这些"风格头衔"究竟代表怎样的风险收益特征？本章从基金经理投资风格分类开始介绍。

2.1 投资风格分类

如上文所述，基金经理投资风格是对其过往投资中展现出的习惯与偏好的归纳总结。那么如何对这些习惯和偏好进行分类？如果把管理基金这件事情进行简化，归根结底体现不同基金经理风格差异的主要在于："怎么买""买什么"。

"怎么买"是偏主观的、定性的，在组合构建方式、选股理念、投资方法等各个方面，不同基金经理可能有显著差异。在"怎么买"的问题上，有很多常见词汇，如择时型、选股型、逆向型、趋势型、轮动型等。不过，这些划分可能互有交叉，划分标准难以清晰统一。比较常用的划分依据是组合构建方式，分为自上而下、自下而上、中观配置等。

"买什么"是偏客观的、定量的，是股票投资流程的结果。

第 2 章 关注基金经理：投资风格的重要性

依据基金经理选择的股票呈现的特征，可以从结果层面倒推基金经理的投资风格。目前市场上对股票风格的分类相对一致，因而可以根据股票风格划分基金经理投资风格。比如，按股票市值划分为大、中、小盘风格；按股票估值和财务特征划分为价值、成长、平衡风格。

需要说明的是，除了上面提到的，还可以选取诸多其他维度进行投资风格划分，如持股的集中度、换手率的高低、投资行业的类型、收益来源的差异等。为了方便投资者理解及运用，仅选取图 2-1 所示的一些常见分类。

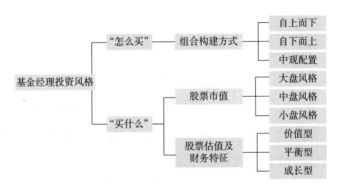

图 2-1 常见基金经理投资风格分类

资料来源：上海证券基金评价研究中心

投资小故事一

投资江湖的"剑气之争"

武侠小说《笑傲江湖》中，早年华山派弟子岳肃和蔡子峰在偷看《葵花宝典》时各记了一部分，在注重剑法和注重气功的观点上产生了分歧。双方都深信自己所得知的内容才是正确的，并将所知的武学理论传给门下子弟，华山派就此产生了"剑宗"与"气宗"两派。

"剑气之争"虽是华山一派的内部流派纷争，却折射出习武的两大方向——重视"招式"抑或重视"内功"。

在投资江湖里，每一位投资者或许都有自己独特的选股方法和投资理念，但是归根结底可以分为两个派别——"赚市场博弈的钱"抑或"赚公司盈利的钱"。

"金融秃鹫"乔治·索罗斯（以下简称"索罗斯"）像"剑宗"里的风清扬，他通过自上而下地判断全球各国的宏观经济基本面与市场的核心矛盾，从中发现错误定价机会，精准出击，快进快出，刀刀致命。

"股神"沃伦·巴菲特（以下简称"巴菲特"）是"气宗"的集大成者，他首先把精力投到个股研究上，基于微观的维度，比如企业的商业模式、产品或服务的竞争力、盈利增长、机构参与度、公司治理情况等，衡量企业的内在价值，然后进行纵向或横向对比分析，最后将研究对象往上拓展至整个行业或产业。

我们可以在趋势投资、行业轮动、量化投资、择时交易等风格中看到"剑宗"的影子，也可以在基本面投资、价值投资、左侧交易、逆向投资等风格中捕捉到类似于"气宗"的理念核心。

"剑气之争"及投资风格之争或许本没有高下之分，对于投资者来说，这些名词都是为了辨别投资风格的特征而贴上的标签。

虽然市场上并未就风格划分形成共识，存在定位模糊、公认标准缺失、定性定量不一致等问题，但主流的定性分析和定量分析结合仍然能够给投资者更清晰的风险收益特征刻画，帮助投资者更好地识别和评价投资风格。

总体而言，定性分析和定量分析仍然是研究基金经理风格最常见、最有效的方法，且两者相辅相成、缺一不可。一般来说，定量分析有助于快速筛选定位，并提供客观的数据验证定性分析所做出的判断；定量分析的对象很多是结果数据，不同的投资理念和投资逻辑也可能得到类似的结果，此时定性分析就能够在很大程度上帮助确定到底是哪些因素导致了这个结果，并能够挖掘出一些定量分析无法刻画的特质。

2.2　投资风格与市场风格具有较强相关性

之所以如此强调分析基金经理投资风格的重要性，主要在于某种投资风格与市场风格的表现具有一定的相关性，某种投资风格很难在风格不匹配的市场中逆势取得非常好的表现。比如，当市场偏向于沪深 300 代表的大盘风格时，小盘风格的基金经理要想取得好的表现难度很大，大盘风格的基金经理做起来则相对容易。

投资小故事二

"在盐碱地里种庄稼"的杨锐文

景顺长城基金股票投资部执行总监杨锐文被誉为"成长股猎手"，他的投资倾向于早中期成长股。长期来看，杨锐文凭借其对成长股的深入研究取得了让市场看得见的成绩。不过，回头来看，在那几年的成长股熊市期，杨锐文做投资也十分艰辛，他形容那几年是"在盐碱地里种庄稼"。

2016—2018 年，国证成长指数下跌 40.48%，在这样的市场风格中，成长股投资的难度可想而知。杨锐文曾感慨："这三年 A 股风格偏向大盘蓝筹，只要买入的是核心资产，即使选的个股质地一般，即便有亏损，正常表现也差不到哪里。但是，一旦风格没踩准，哪怕只踩错一脚就有可能粉身碎骨。"

而在此后的两三年间，成长股投资终于迎来春风，国证成长指数在 2019—2021 年的三年间上涨 126.53%，杨锐文耕耘的"盐碱地"也变成了"绿洲"，

第 2 章　关注基金经理：投资风格的重要性

其基金业绩迎来快速增长。如图 2-2 所示，他所管理的景顺长城环保优势基金区间净值增长率达到 237.45%（时间区间：2019-01-01—2021-12-31）。

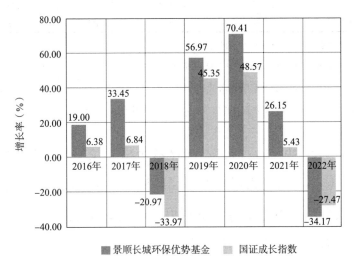

图 2-2　"在盐碱地里种庄稼"

注：①景顺长城环保优势基金成立于 2016 年 3 月 15 日。图中 2016 年数据区间为 2016-03-15—2016-12-31。②业绩数据来源为基金定期报告，同期业绩比较基准涨跌幅分别为 15.94%、32.56%、23.34%、-25.33%、7.97%、0.82%；基准数据和指数数据来源于 Wind。③ 2019-01-01—2021-12-31，景顺长城环保优势基金业绩比较基准涨幅为 89.56%；2022-01-01—2022-12-31，景顺长城环保优势基金业绩比较基准涨幅为 -17.88%。

为了研究投资风格与市场风格的相关性，选取符合条件的风格基金为样本进行数据分析，我们以沪深 300、中证 1000 指数分别代表市场的大盘风格、小盘风格，以国证成长、国证价值指数分别代表市场的成长风格、价值风格。表 2-1 数据显示，不同投资风格基金收益率和相关指数收益率的相关系数均值都超过 0.75，小盘风格的相关系数均值更是达到 0.95，体现出较强的相关性。

表 2-1　不同投资风格的普通股票型基金与相关指数收益相关性

基金	大盘基金	小盘基金	价值基金	成长基金
平均值	0.84	0.95	0.81	0.76

注：1. 数据来源于 Wind、上海证券基金评价研究中心。
　　2. 时间区间：2020-06-30—2023-06-30。
　　3. 基金类型为普通股票型，以上海证券全持仓分类 2020-06-30—2023-06-30 各期一致的大盘／小盘基金和价值／成长基金为样本。

由表 2-1 可以看出，不同投资风格不仅有差异化的市场表现，还有各自更为适应的市场风格。在成长风格的市场下，成长风格基金经理更容易取得好的表现，反之亦然。投资者无论是选择基金还是持有基金，均须考虑这一特性。

2.3　不同投资风格的基金持有体验差异巨大

不同类型的电影能带给人迥异的观影体验，如轻松的喜剧片带给人欢乐，烧脑的悬疑片带给人刺激。相对应的，不同投资风格的基金也会带给投资者差异化的持有体验。

通过统计 2020 年 7 月 1 日至 2023 年 6 月 30 日三年间不同投资风格基金的收益、波动和最大回撤，可以看出不同风格基金的风险收益特征差异显著（图 2-3）：成长风格基金平均年化波动率和最大回撤均高于价值风格基金，价值风格基金相对更稳健；收益方面，小盘风格基金的平均收益显著跑赢了大盘风格。

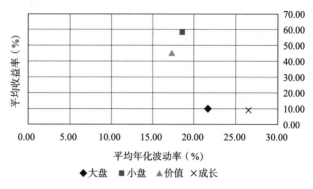

a）平均收益率-年化波动率

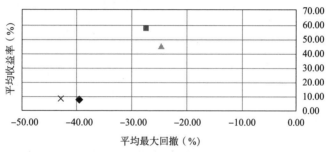

b）平均收益率-最大回撤

图 2-3　不同投资风格的普通股票型基金近三年风险收益特征

资料来源：Wind，上海证券基金评价研究中心

（时间区间：2020-07-01—2023-06-30）

2.4　投资风格是选择基金的关键要素

合适的才是最好的，基金经理的投资风格是判断是否合

适的关键要素之一。风格特点是难以直观体现在历史业绩上的,大盘还是小盘,价值还是成长,长期持股还是擅长轮动,行业配置均衡还是集中,注重进攻性还是安全边际,这些截然不同的选择打造了"性格迥异"的基金产品。一个激进的投资者,怀着较高的预期投资,想要找一只"活泼"的基金,却选择了一只注重安全和稳健的基金,就容易出现"性格不合"的情况。因此,投资者在挑选基金时需要判断这些风格特点是否与自己的口味相匹配。

从当前基金销售的情况来看,风险测评和产品适当性匹配越发被投资者普遍接受,投资者在购买基金时会考虑基金产品与自身的投资目标和风险承受能力相匹配的问题。不同投资风格的基金具有稳定且不同的风险收益特征,因此,投资者在了解自身风险偏好后,需要履行的一个重要步骤就是了解基金经理投资风格。

根据基金经理投资风格选择基金,将通过下述三个方面帮助投资者做出理性判断,改善因受情绪影响而频繁买卖操作所造成的不利情况。

2.4.1 验证投资逻辑

那些基于市场技术面或基本面判断进行理性思考,并最终做出选择的投资者,因为其做出买入某类投资风格的决策和其理性思考的相互印证,在其基金持有期间,市场所发生的一切变化都能帮助其回答"是否股票市场表现不好或有下跌的可能"这类问题,如果资本市场或产业经济发展逻辑等和入场时的判断相比没有出现根本性变化,就可以更坦然地面对波动、坚持较长期持有;反之,一旦市场证明前期判断不正确,就可以考虑从配置层面进行调整。

2.4.2　实现业绩归因

要判断"基金业绩是否达到预期目标",对基金收益进行业绩归因而不是单纯地看绝对收益是一种更科学的态度。了解基金经理的投资风格更有利于投资者进行业绩归因,对究竟是风格的系统性风险导致基金业绩差还是产品个体化导致基金业绩差做出判断。因为市场风格的转换难以预期,如果是系统性风险导致的基金业绩未达到预期目标,投资者可能会暂时忽略短期波动,而在更长的投资期限内达到投资目标;如果与同风格基金相比落后,是产品个体化导致的基金业绩差,投资者则可能需要考虑换仓或进行进一步判断。

无论如何,了解投资风格,都是投资者进行业绩判断的重要前提条件。

2.4.3　风险偏好、预期收益相符合帮助投资者长期持有

基金收益表现与自己预期不符是影响投资者中长期基金

投资的障碍。显然，预期收益和风险偏好决定了投资者面对波动时是否采取行动，对于那些根据自身风险偏好和预期收益而选择特定投资风格的投资者而言，因为事先了解了具体产品的净值波动情况，一般来说即使发生回撤也会在投资者承受能力和意愿之内，这将在较大程度上帮助投资者在市场行情不利时对净值波动保持更大耐心，从而拉长持有期限，力争获得更好的收益。

↘ 扩展阅读一

基金经理投资风格几个易混淆的概念

初入市的基金投资者往往会被各类关于基金类型、基金风格、基金经理风格的名词弄得晕头转向：基金风格和基金类型说的是同一件事吗？基金经理风格和基金风格又有什么区别和联系？这里对几个易混淆的概念——基金类型、基金风格、基金经理风格进行梳理。

1. 基金类型

基金类型是指根据某些特征将基金产品进行分类，同一类型的基金产品具有某些相同的特征。主流的基金类型主要是根据投资对象分类，根据《公开募集证券投资基金运作管理办法》，将公募基金划分为股票型基金、债券型基金、混合型基金、货币市场型基金、基金中基金等类型。

随着基金数量、品种的不断增多，基金的各参与方（投资者、管理人、代销机构、评价研究机构、监管者等）都需要科学地进行基金分类。

基金的分类有助于投资者从投资标的上对基金有一个大致的判断，对于基金风险收益特征的认识和挑选符合自身风险偏好的产品具有重要意义。

2. 基金风格

基金风格主要由基金合同和基金经理决定。

首先，基金合同对基金产品的类型和投资范围等方面的约定框定了基金的大致投资风格。基金的运作一般会严格按照基金合同的约定，从基金合同层面决定了基金的底层风格。比如，有的基金产品会在基金合同中明确约定投资范围，如"投向中小盘成长股票""投向先进制造主题及相关行业""投向低碳环保主题类股票"等。

其次，基金经理的特点也会影响基金风格。基金产品是基金投资行为的载体，基金经理的投资框架、投资逻辑、所有的思考和决定最终都由基金产品呈现。比如，宏观策略研究员出身的基金经理常常倾向于自上而下地构建投资组合，制造业研究员出身的基金经理一般偏好成长风格，有消费金融行业研究经验的研究员往往对价值风格情有独钟。

最后，有些基金产品会由多位基金经理共同管理。在这种情况下，不同的团队分工也会导致基金风格的不同。比如，有的产品为"老带新"模式，那么基金风格体现的是"师父"的基金经理风格；有的产品为合管模式，那么基金风格的确定就需要挖掘更多的信息和细节。

3.基金经理风格

与基金风格类似，同一位基金经理的风格也存在动态调整的可能性，为基金经理打标签是在永恒的不确定性中寻找暂时的确定性的一种有意思的尝试。

与基金风格不同的是，基金经理风格是以基金经理为载体，是对同一位基金经理管理的多个不同基金产品的归纳总结，而不再是研究分析单一的产品。

在投资目标、投资范围等产品层面的制约之外，影响基金经理风格形成的因素更为多样，可能是基金经理的成长经历、入行时看的行业、读过的某一本书、聊过的某一个人、某一阶段的感悟，甚至还有可能是基金经理开启投资生涯的入市时间。这部分内容将在下一章详细论述。

4. 三者之间的关系

基金类型由基金合同进行约定，具有较高的稳定性，一经确定一般很少变更。因此，根据基金类型进行的分类颗粒化程度较低，且完全没有把基金和基金经理更新迭代的进步考虑在内。

基金类型能帮助投资者更好地理解产品，也能帮助投资者更好地理解风格，毕竟风格要在同类基金中进行区分和比较，但仅通过分类无法更精确地理解产品，所以风格就成为很好的补充。同时，基金分类为基金风格和基金经理风格的形成设置了前置条件。

基金风格和基金经理风格的差异主要体现为两者的最终载体不同。基金风格主要由基金合同和基金经理共同决定。产品设计决定的风格一般相对较为清晰且具体，容易识别和区分。基金经理受其理念、经验、个性、习惯、偏好等影响，呈现更多元化、更多变、更复杂的特征，更需要综合性考虑。但产品风格受基金经理变更影响会存在一定程度的漂移，因此，投资者在投资基金产品时，应时刻保持对产品基金经理变更这一信息的敏感性。

基金经理只有具备不断进化和迭代的能力，才能更好地适应市场。然而，基金经理风格仍然更加长期稳定，虽有演变现象但其演变有迹可循，一旦对基金经理有了深入的了解和跟踪，其风险收益特征的可预测性将更强，有利于建立长期信任关系，从而有利于帮助投资者风险适配并坚持长期投资。值得注意的是，有些基金经理也会针对管理的不同产品设定不同的投资风格。

总的来说，从一只具体的基金产品出发，基金类型稳定，且为基金风格和基金经理风格奠定了基调；基金风格可能因基金经理的改变而改变，也可能因基金经理风格的改变而改变。从一位特定的基金经理出发，基金经理风格可能因基金经理的人生阅历、投资理念等自身原因的改变而改变，也可能因不同基金的产品定位不同而不同。因此，较科学的研究方法，是在基金分类的基础上，将基金风格和基金经理风格结合考察。

扩展阅读二

基金经理投资风格分析现状与局限

当前，鲜有书籍或文章对基金经理投资风格做出较为清晰的界定，主要原因在于：①投资风格可能会随着基金经理自身经历的丰富、思想的变化等更新迭代，因此，对投资风格的分析也必须与时俱进、不断更新，站在任何时点向前看似乎都有新意；②定性分析和定量

第 2 章 关注基金经理：投资风格的重要性

分析是当前市场对基金经理投资风格进行分析的主要方法，然而，定性分析标准模糊的局限性、定量分析缺少公认标准、定性分析与定量分析可能存在矛盾等原因，都导致难以清晰界定基金经理投资风格。

1. 定性分析：标准模糊

基金经理的从业年限、是否有行业研究经历、是否有清晰的投资逻辑和框架、风格是否稳定、言行是否一致、性格特征、风险偏好等都会在很大程度上影响其投资风格，因此，这些维度在基金经理投资风格分析中至关重要。只有通过收集基金经理信息、进行现场调研、梳理分析相关平台上发表的各类观点等，进而运用归纳、总结、推导等定性分析方式，才能判断这些维度对基金经理投资风格的不同作用。

定性分析虽然可以充分发挥研究人员经验和主观判断的作用，但是因为不同研究人员了解的信息及知识架构不同，用来进行定性分析的各项指标项不尽相同，分析标准也不相同，从而导致最终的分析结果往往不一致。

比如，在对基金与基金经理投资风格的研究中，我们经常遇到的一个问题就是：由于标准较为模糊，基金经理对自己风格的界定可能与市场存在出入。比如，通过数据统计分析基金经理持仓的股票风格，市场偏向

认识基金经理的投资风格

认为某基金经理具有成长特征,但基金经理可能出于投资框架中估值因子占据一定权重,或是认为组合中股票的估值并没有显著高于市场等原因而将自己归为价值风格。再如,通过基金经理的持仓数据分析认为某基金经理应该属于轮动风格,但他可能会将自己归为全天候风格⊖,因为他认为自己并非由轮动因素驱动的调仓,只是在进行行业比较后做出了符合当前市场行情的投资决定。

定性分析的标准模糊存在很多干扰因素,仅靠定性分析的基金经理风格当然未必准确,但是对于"人"这个全世界最难研究的课题之一,仅有定量分析是远远不够的。因此,越来越多的研究人员试图增加更多定性分析常用指标(图2-4),以提高刻画的准确度。

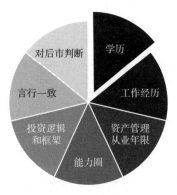

图 2-4 定性分析常用指标

资料来源:上海证券基金评价研究中心

⊖ 全天候风格:指不追逐市场热点,均衡配置,在各种市场和经济周期下都力争获得收益的投资风格。

第 2 章 关注基金经理：投资风格的重要性

2. 定量分析：缺少公认的标准

数学——自然科学的王冠，没有统计数据的研究总显得苍白无力，在基金经理投资风格分析中同样如此。我们通过对基金经理所管理基金的公开数据（净值信息和季报信息等）进行数量分析，从而得出定量分析结果。

当前，市场上使用较多的定量分析是依据基金经理所管理组合持仓的股票风格分析投资风格。对于股票风格的界定，目前市场上使用较广泛或者说讨论较多的是九宫格法。首先，根据股票市值的大小，分为大盘、中盘、小盘三类；其次，根据股票市盈率的高低，分为价值、成长、平衡三类；最后，将以上两个维度形成 3×3 矩阵，即大盘价值、大盘成长、大盘平衡、中盘价值、中盘成长、中盘平衡、小盘价值、小盘成长、小盘平衡九种风格。

然而，即便是如此深入人心的九宫格法，也面临着人们常说的"一千人眼中就有一千个哈姆莱特"的问题。什么样的股票能被称为大盘股？什么样的股票算是小盘股？不同的人可能持有不同的观点，缺少公认的标准。

此外，随着时间的变迁，定义也会发生变化。2000 年，A 股总市值约为 4.3 万亿元、流通市值约为 1.4 万亿元，在总共 900 多家上市公司中市值超过 100 亿元的仅有 55 家，流通市值超过 100 亿元的只有寥寥 4 家，当时这些公司毫无疑问地属于大盘股范畴。但到10年后的2010年，A股总市值快速提升至约30万亿元，100亿元市值的公司还没能超过当时市场平均水平（近150亿元），即使采用累积分布的方式动态划分大中小盘的市值标准，也依然存在阈值很容易受上市公司股票发行及重大行情发展等因素影响的情况。比如，2005—2010年银行系的农工中建交与保险系的平安、人寿、太保相继发行股票，大大拔高了大盘股平均市值水平。2015年末恰逢市场大幅回调的底端，在全市场平均市值缩水的大环境下大盘股阈值水平相对2005年几乎腰斩，但是小盘股阈值依然在100亿元水平。到2019年末，银行业、非银金融市值水平的修复将大盘股阈值拉回到700亿元的水平，而小盘股阈值几乎没有变化。

因此，股票大小盘划分公认标准的缺失，导致基于股票持仓分类占比进行的基金经理投资风格分析也难有统一结果，既可能同一时间节点之上不同研究人员得出的结果不同，也可能基金经理持仓变化不大但不同时间点出现不同分类结果。

3. 定性分析和定量分析不一致

有许多基金经理"言行不一致"说的是定性分析结果和定量分析结果出现矛盾的情况。很多基金经理会在

第 2 章 关注基金经理：投资风格的重要性

媒体或季报等信息披露文件中谈到自己的投资思路和对后市的看法等，然而有些时候事后来看，他们的实际持仓和基金净值与自己的观点似乎并不相符。在资本市场，所有人都难以完全正确地预见未来，且历史很难完全复制，出现意料之外的行情反而是常事，此时无法事事按照预演的版本走也就无可非议。当出现这种"言行不一致"时，是相信基金经理因势利导、做出的即兴操作更能体现其风格，还是其具有完整体系的投资策略和框架更能体现其风格？思想重要还是行为重要？不同的研究人员可能会做出不同的判断。

虽然风格划分上未形成严格意义上的共识，存在定位模糊、缺少公认的标准、定性定量不一致等情况，但对基金投资者来说，厘清投资风格主流的分类标准及对应的特征仍然是大有裨益的。每个投资者的投资目标和要求各不相同，虽然现在有很多关于基金和基金经理的公开信息，以及帮助投资者进行分析和决策的工具，但投资者选择到适合自己的基金并通过持有达到自己的投资目标仍是一件很不容易的事。因此，梳理主流投资风格的分类和特征，能够在一定程度上帮助投资者更清晰地进行风险收益特征刻画，更好地识别和评价基金经理，进而根据自己的需求选择到适合自己的基金经理，在基金投资过程中达到自己的投资目标。

第 3 章
了解基金经理：什么在影响投资风格

在瞬息万变的资本市场里，基金经理无数次站在选择的岔路口——进攻还是防守，现在还是未来，胜率还是赔率，调仓还是坚守，顺势还是逆势……直观来看，这一系列选择反映的是基金经理差异化的投资风格。

那么，到底是什么因素致使基金经理做出了不同的选择，进而形成了"百花齐放"的投资风格？本章将探讨这一问题。

3.1 主流风格盘点

首先通过定量的方法对基金经理投资风格进行分类，并尝试用定性的方法对基金经理风格特征和交易行为进行描述。

从方法论来看，进行基金经理风格分类的时候有一个核心任务：寻找能带来相似风险收益特征的变量。正是因为这种变量，使得基金产品暴露于某一风格之下，从而对产品业绩产生显著影响。比如，成长风格的基金经理往往暴露于较高的估值因子这个变量，而价值风格的基金经理常常偏好低估值。

基金经理风格的分类方法有很多，当前市场中使用较多的两个维度是市值规模风格维度和价值成长风格维度。这两种风格划分方法起源于美国，都是通过分析、归纳、总结基金已公布的持仓股票（全持仓/重仓）的特性，从而推断基金经理投资风格。

3.1.1 市值规模风格维度

1. 基金经理市值规模风格的界定

按市值规模风格划分基金经理投资风格的依据是基金持仓中股票的市值。简单来说，持仓以大盘股为主，划分为大盘风格基金经理；持仓以中盘股为主，划分为中盘风格基金经理；持仓以小盘股为主，划分为小盘风格基金经理。

这里所说的以大盘股为主，采纳两套衡量标准。

一是分类汇总期末持仓里大、中、小盘股票的持有比例。按照绝对标准，大、中、小盘股中如有占比超过50%的，则

认识基金经理的投资风格

为该基金经理的对应风格；按照相对标准，则选取大、中、小盘股中持有比例最高的视为其风格（划分标准来源：上海证券基金评价研究中心）。

通过界定基金经理市值规模风格，可以发现基金经理市值规模风格是建立在底层资产——股票市值规模风格划分的基础之上的。因此，在讨论基金经理市值规模风格之前，有必要厘清股票市值规模风格概况。

股票市值规模风格的分类有绝对规模风格类别，也有相对规模风格类别。但无论哪种分类，都没有一个明确的数值。随着市场的变化，阈值也会不断发生变化。

我们可以根据经验提出一种市场中可接受的阈值。在许多绝对规模风格类别中，会将流通市值在 500 亿元以上的股票称为大盘股，目前 A 股流通市值在 500 亿元以上的股票有 260 只；而流通市值低于 100 亿元的股票则被称作小盘股，目前全市场有 3,662 只；中盘股，也就是流通市值在 100 亿～500 亿元的股票，目前 A 股有 1,304 只（数据来源于 Wind，截至 2023-06-30）。

二是采用累积分布的方式进行动态划分，即界定什么样的股票在某一特定时点是大盘股或者小盘股。简单来说，在每个时点将上市公司总市值做降序排列，合计占比高于全市场规模 50% 的大市值股票为大盘股，合计占比仅占全市场规模 20% 的小市值股票为小盘股，其余的归类为中盘股，见表 3-1。从 2023 年 6 月 30 日来看，大盘股和中盘股之间的阈值为 555 亿元，中盘股和小盘股之间的阈值为 114.7 亿元。

表 3-1 累积分布方式的大中小盘股划分

股票市值	数量（只）	累计总市值（亿元）	市值占比（%）	阈值（元）	占比最高行业及比例（%）	PE中位数	ROE中位数
大盘股	238	449,970	50	>555亿	银行（20）	19.7	11.2
中盘股	1,158	270,047	30	114.7亿~555亿	医药生物（12）	28.0	9.7
小盘股	3,830	180,090	20	<114.7亿	机械设备（10）	27.5	5.6

注：1. 数据来源于 Wind、上海证券基金评价研究中心。

2. 市值数据截至 2023-06-30，ROE 数据截至 2022-12-31。

从表 3-1 可以看出，股票的市值规模风格呈现明显的马太效应：大盘股仅以不足 5% 的数量占比达到了 50% 的规模占比；中盘股以 21% 的数量占据了 30% 的规模；小盘股的数量超过 70%，但规模合计占比仅 20%。

除了精确的阈值，市场参与者还常常用指数作为替代，描述大中小盘股票的表现。目前，在分析基金规模风格的时候倾向于选择更接近市场规模分布的指数，如中证 500 和中证 1000。据实证观察，上述两条指数能够比较好地表征中盘股与小盘股的规模风格，而沪深 300 指数则用于分析和判断大盘股的规模风格。

2. 股票市值规模风格的特征

（1）大盘风格股票

大盘风格股票往往已经跨过初创期和成长期，处于或正走向成熟期。这类企业的盈利和增速通常相对稳定，所以大多市场估值相对较低，体现出价值的特征。

由表 3-1 可以看出，238 家大盘股总市值合计达 45 万亿元；占比最高的三个行业分别为银行（20%）、食品饮料（10%）和非银金融（9%），这与价值风格的行业偏好不谋而合；238 家上市公司市盈率（PE）中位数为 19.7 倍，小于中盘股和小盘股的中位数水平，呈现出大盘股估值相对较低的价值特征。此外，238 家大盘股的净资产收益率（ROE）中位数为 11.2%，高于中盘股和小盘股。

市场中代表性的大盘风格指数主要包括上证 50 指数和中证 100 指数，市场往往也将沪深 300 指数视为大盘指数，但客观来看沪深 300 是偏向大盘的大中盘指数，其中部分成分股具备较为典型的中盘特征。

（2）中盘风格股票

中盘风格股票是介于大盘股和小盘股之间的股票。这类企业往往介于成熟期和成长期之间，虽尚未进入成熟期，但大多已是细分行业的龙头或"龙二""龙三"，企业盈利和增速也相对稳定。总的来看，中盘股在估值水平、成长性等方

第 3 章 了解基金经理：什么在影响投资风格

面相对平衡，行业分布较为分散。

由表 3-1 可以看出，1,158 家中盘股总市值合计达 27 万亿元；占比最高的三个行业分别为医药生物（12%）、电子（10%）和电力设备（9%），这些行业有长期发展潜力；1,158 家上市公司市盈率（PE）中位数为 28 倍，高于大盘股，与小盘股的中位数水平相当。此外，1,158 家中盘股的净资产收益率（ROE）中位数为 9.7%，介于大盘股和小盘股之间，呈现出较为平衡的价值特征。

市场中最具代表性的中盘风格指数无疑是中证 500 指数。中证 500 指数由全部 A 股中剔除沪深 300 指数成分股及总市值排名前 300 名的股票后，总市值排名靠前的 500 只股票组成，综合反映 A 股市场中一批中小市值公司的股票价格表现。

（3）小盘风格股票

小盘风格股票往往处于初创期或成长期，所以企业的成长性指标容易表现出色，常常具有成长风格的特征，但同时成长的不确定性也带来了较大的波动性。另外一个引起小盘股票波动性较大的原因是初创期的小盘股公司质地良莠不齐，既有成长性指标很好的公司，也有进退维谷的公司。此外，大多数上市公司落入了小盘股的区间范围，3,830 家公司鱼龙混杂，这些都使得小盘风格波动率较高。

从表 3-1 的数据来看，3,830 家小盘股总市值合计达 18 万亿元；占比最高的行业分别为机械设备（11%）、医药生物

（10%）、电子（9%）和基础化工（8%），但小盘股中纺织服饰、轻工制造等已经历过一轮发展的传统行业占比显著高于大盘股和中盘股；3,830家上市公司市盈率（PE）中位数为27.5倍，高于大盘股，与中盘股的中位数水平相当，3,830家小盘股的净资产收益率（ROE）中位数为5.6%。

市场中代表性的小盘风格指数主要包括中证1000指数、中证2000指数、国证2000指数。其中，中证1000指数由全部A股中剔除中证800指数成分股后，规模偏小且流动性好的1,000只股票组成；中证2000指数在剔除中证800和中证1000指数样本股，以及总市值排名前1,500名的股票后，选取过去一年日均总市值排名前2,000名的股票构成；国证2000指数按照市值和成交金额在市场中所占比例的综合排名，扣除国证1000指数样本股后，选取排名靠前的2,000只股票构成。

3. 基金经理市值规模风格的特征

厘清股票市值规模的划分标准及特征后，我们进一步分析基金经理市值规模风格的特征。

（1）数量分布

以上海证券基金评价研究中心规模属性分类下的绝对大中小盘基金为样本进行统计（表3-2），截至2023年6月30日，中盘风格的主动管理权益基金数量最多，达到692只，合计管理规模超9,214亿元；大盘风格基金合计管理规模最大，

第 3 章　了解基金经理：什么在影响投资风格

达到 10,335 亿元，基金数量为 626 只；小盘风格的主动管理权益基金数量则较少，为 137 只，合计规模 946 亿元。更多数量的基金在上述三类风格上的持股风格比例均未超过 50%，而是相对均衡地配置于不同的风格，这样的基金数量达到了 899 只，合计规模 9,407 亿元。

表 3-2　大中小盘风格基金概况

基金	数量（只）	合计规模（亿元）
大盘风格基金	626	10,335
中盘风格基金	692	9,214
小盘风格基金	137	946

注：1. 数据来源于 Wind、上海证券基金评价研究中心。

2. 数据截至 2023-06-30。

3. 基金风格样本以基金全持仓按绝对风格进行统计，主动权益基金包括上海基金分类下的普通股票型基金、偏股混合型基金，基金数量以主代码计。

可以看出，大部分主动管理权益基金为大、中盘风格，小盘风格的主动管理权益基金数量较少。从规模上看，大、中盘风格基金占比超 95%。

造成这一现象主要有三方面原因：一是通过上面股票市值规模风格特征部分的分析可以看到大盘股通常较为稳定，处于或正走向成熟期，选股难度相对较小，这或成为大多数基金经理选择该风格的基石；二是大盘股容量较大，买卖大盘股时对股价影响较小，进而对基金组合净值影响较小，大盘风格受到规模较大基金的偏爱；三是当业绩或前景较好的中小盘股接纳了足够多的新资金后，规模会迅速成长，从原来的中小盘股票成长为中大盘股票。

小盘风格基金数量相对较少,这是因为一些基金公司对旗下产品的投资标的设置了一定的准入门槛。基金规模是其中一个因素,基金规模对上市公司市值敏感,因此,小盘股入池可能会受到一定限制。小盘风格个股的选择也面临较多限制,比如财务指标往往难以达到一些基金经理的投资标准。小盘风格股票相对基金而言容量有限,对基金净值的贡献相对规模边际削弱,对基金规模不友好,在一定程度上限制了小盘风格样本的数量。总体而言,小盘风格的基金投向并不集中于尾部,而是与中盘风格更为相似。

(2)规模特点

从基金规模来看,大盘风格基金的平均规模较大,中盘、小盘风格基金的平均规模较小。如图3-1所示,截至2023年6月30日,大盘风格基金的平均规模为16.51亿元,超过中盘风格13.31亿元和小盘风格6.79亿元的平均水平。大盘风格股票由于总市值高,受市场中资金进出的影响更小,股价更为稳定,因而具备承接较大数额资金的条件(容量较大)。

(3)行业分布

如图3-2所示,从2023年中期报告基金经理重仓持股所属行业来看,大盘风格基金经理持仓占比最高的是食品饮料、电力设备、医药生物等行业;中盘风格基金经理持仓占比最高的是医药生物、电子、计算机等偏成长性的行业;小盘风

第 3 章 了解基金经理：什么在影响投资风格

格基金经理持仓占比最高的是医药生物、机械设备、计算机等行业。

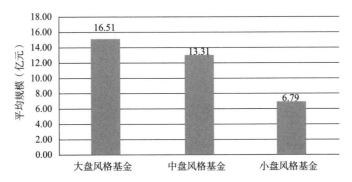

图 3-1 截至 2023 年 6 月 30 日大中小盘风格基金平均规模

资料来源：Wind，上海证券基金评价研究中心

（数据时间：2023-06-30）

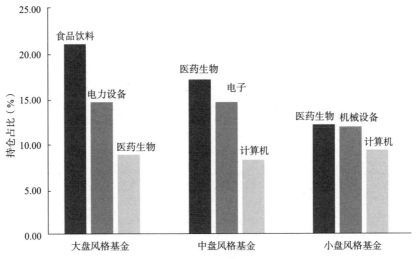

图 3-2 大中小盘风格基金的行业偏好

资料来源：Wind，上海证券基金评价研究中心

（数据时间：2023-06-30）

（4）交易行为

从换手率来看，大盘风格基金较低，中盘风格基金次之，小盘风格基金较高。如图3-3所示，2023年上半年大盘风格基金的平均换手率为1.69倍，中盘风格基金的平均换手率为2.13倍，小盘风格基金的这一指标达到3.01倍。

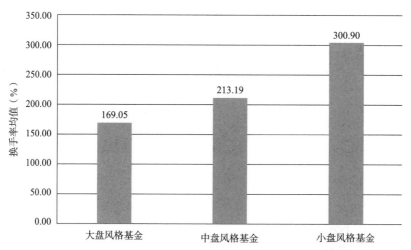

图3-3　2023年上半年大中小盘风格基金换手率均值

资料来源：Wind，上海证券基金评价研究中心

（数据时间：2023-06-30）

究其原因，中小盘风格股票由于总市值更小，受市场中交易行为影响更大，且公司治理水平及公司成长的稳定性相对较弱，从而常常表现出更高的波动率；以中小盘股为投资标的的小盘风格更有动力和必要通过一些交易行为平滑组合净值曲线，或是充分利用中小盘股的波动性，通过波段操作增厚基金收益。

第 3 章　了解基金经理：什么在影响投资风格

（5）业绩特征及持有体验

依然以上海证券基金评价研究中心规模属性分类下的大中小盘主动管理权益基金为样本，统计三类风格 2011 年至 2022 年各自然年度平均收益率，如图 3-4 所示。大中小盘风格基金年度表现同涨同跌，只是在幅度上，大盘风格整体较中小盘风格有所收敛。

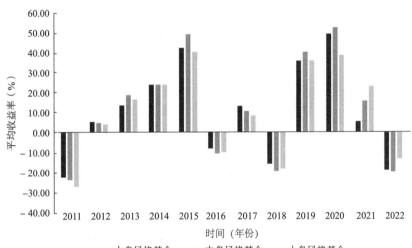

图 3-4　大中小盘三类风格基金各自然年度平均收益率

资料来源：Wind，上海证券基金评价研究中心

（时间区间：2011-01-01—2022-12-31）

大中小盘三类风格基金 2011-01-01—2022-12-31 年化波动率均值统计结果显示，大盘风格的年化波动率小于中盘和小盘风格，如图 3-5 所示。值得注意的是，小盘风格的波动率小于中盘风格的年化波动率，可能的原因是小盘风格的样本数量较少，且小盘风格基金中价值风格基金数量大于成长风格。

认识基金经理的投资风格

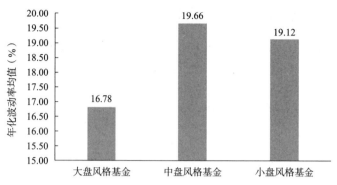

图 3-5 大中小盘各风格基金年化波动率均值

资料来源：Wind，上海证券基金评价研究中心

（时间区间：2011-01-01—2022-12-31）

4. 基金经理示例

下面通过介绍几位基金经理的持仓，让投资者切身感受不同基金经理风格的特点。

（1）大盘风格：刘彦春

刘彦春是一名投资老将，从 2002 年就开始在证券行业担任研究员，2015 年加入景顺长城基金，自 2015 年 7 月 10 日起管理景顺长城鼎益混合（数据来源：景顺长城基金）。

观察刘彦春的持仓可以发现，他是一位典型的大盘风格基金经理。从其代表产品景顺长城鼎益混合的持仓股票风格来看，其重仓持股绝大多数为大盘风格，如图 3-6 所示。

观察刘彦春代表产品景顺长城鼎益混合 2023 年中报持仓（图 3-7）可以发现：重仓股流通市值中位数高达 2,587 亿元，多数重仓股票流通市值超过千亿元；重仓股行业集中于食品饮

第 3 章 了解基金经理：什么在影响投资风格

料行业；股票换手率多在 60% 以下，在同类产品中属于较低水平。

	价值	平衡	成长
大盘	0	47	47
中盘	0	6	0
小盘	0	0	0

报告时间	股票风格
2023-06-30	大盘-平衡
2023-03-31	大盘-成长
2022-12-31	大盘-成长
2022-09-30	大盘-成长
2022-06-30	大盘-成长
2022-03-31	大盘-成长
2021-12-31	大盘-成长
2021-09-30	大盘-成长

图 3-6 景顺长城鼎益混合重仓股市值规模风格

资料来源：聚源，上海证券基金评价研究中心

（数据时间：2023-06-30）

注：①数字代表该基金在各风格上的投资占比；②由于数据的四舍五入可能导致最终占比相加不为 100。

前十大重仓股票　　　　　　　　　　　　　　　　　　　　　　　　　　　报告期 2023-06-30

序号	股票代码	股票名称	持仓占比(%)	持股数量(万股)	PE	行业	流通市值(亿元)
1	600519	贵州茅台	9.94 ↓	82.72 ↓	32.06	食品饮料	21,242.30
2	000568	泸州老窖	9.86 ↓	662.61 ↓	27.54	食品饮料	3,069.16
3	000858	五粮液	9.76 ↑	839.60 ↓	22.35	食品饮料	6,349.01
4	300760	迈瑞医疗	9.37 ↑	440.00 —	36.08	医药生物	3,634.90
5	000596	古井贡酒	8.82 ↑	501.76 ↓	36.18	食品饮料	1,010.79
6	601888	中国中免	6.79 ↓	865.04 ↓	47.96	商贸零售	2,158.07
7	002311	海大集团	5.32 ↓	1,599.99 —	24.65	农林牧渔	778.74
8	002415	海康威视	4.94 ↓	2,099.99 —	25.08	计算机	3,015.91
9	603259	药明康德	4.78 ↓	1,080.00 —	19.70	医药生物	1,594.81
10	603899	晨光股份	4.65 ↑	1,467.31 ↑	30.86	轻工制造	412.40
重仓股票中度			74.23	下降	29.20(中位数)		2,586.99(中位数)
重仓股占股票资产比例			80.21	下降			

图 3-7 景顺长城鼎益混合重仓股流通市值及行业分布

资料来源：聚源，上海证券基金评价研究中心

（数据时间：2023-06-30）

注：个股仅供举例分析，不代表产品推荐及投资建议，也不代表最新持仓，最新持仓可能发生变动，投资需谨慎，下同。

（2）中盘风格：李进

李进从2010年开始从事证券行业，2021年加入景顺长城基金，代表作是景顺长城科技创新。

观察李进2023年中期报告的持仓（图3-8）可知，其主要投资中盘和大盘股票，但在中盘股票的暴露要高于大盘，可以将其归纳为中盘风格基金经理。从股票风格来看，其65%的重仓持股为中盘风格。

	价值	平衡	成长		报告时间	股票风格
大盘	0	10	26		2023-06-30	中盘-成长
					2023-03-31	中盘-成长
中盘	0	30	35		2022-12-31	中盘-成长
					2022-09-30	中盘-成长
					2022-06-30	中盘-成长
小盘	0	0	0		2022-03-31	中盘-成长
					2021-12-31	大盘-成长
					2021-09-30	大盘-成长

图3-8 景顺长城科技创新重仓股市值规模风格

资料来源：聚源、上海证券基金评价研究中心

（数据时间：2023-06-30）

注：①数字代表该基金在各风格上的投资占比；②由于数据的四舍五入可能导致最终占比相加不为100。

观察李进代表产品景顺长城科技创新最新一期持仓（图3-9），流通市值中位数为340.88亿元，半数以上重仓股流通市值在200亿～500亿元。重仓股行业分布相对分散。

第 3 章　了解基金经理：什么在影响投资风格

前十大重仓股票　　　　　　　　　　　　　　　　　　　　报告期 2023-06-30

序号	股票代码	股票名称	持仓占比(%)	持股数量(万股)	PE	行业	流通市值(亿元)
1	300308	中际旭创	9.30 ↑	117.24 ↓	94.21	通信	1,106.18
2	300037	新宙邦	8.01 ↑	286.82 ↑	25.93	电力设备	279.40
3	688122	西部超导	6.94 ↑	231.60 ↑	33.73	国防军工	362.06
4	000063	中兴通讯	5.03 ↑	205.28 ↑	25.38	通信	1,814.06
5	300033	同花顺	4.46 ↑	47.29 ↑	55.38	计算机	475.97
6	002409	雅克科技	4.36 ↑	111.21 ↑	63.22	电子	232.14
7	603882	金域医学	3.97 ↑	97.69 ↑	17.19	医药生物	350.46
8	601882	海天精工	3.88 ↑	216.72 ↑	31.85	机械设备	173.83
9	300628	亿联网络	3.66 ↑	194.06 ↑	20.94	通信	253.09
10	600129	太极集团	3.12 ↓	97.32 ↓	58.66	医药生物	331.29
重仓股集中度			52.73	上升	32.79(中位数)		340.88(中位数)
重仓股占股票资产比例			65.70	上升			

图 3-9　景顺长城科技创新重仓股流通市值及行业分布

资料来源：聚源、上海证券基金评价研究中心

（数据时间：2023-06-30）

（3）小盘风格：丘栋荣

丘栋荣从 2008 年起任职于证券行业，先后就职于汇丰晋信基金、中庚基金。如图 3-10 所示，自加入中庚基金以来，丘栋荣管理的代表基金均具备显著的小盘风格特征。

	价值	平衡	成长	报告时间	股票风格
大盘	1	1	0	2023-06-30	中盘-价值
				2022-12-31	小盘-价值
				2022-06-30	小盘-价值
中盘	30	13	7	2021-12-31	小盘-价值
				2021-06-30	小盘-价值
				2020-12-31	小盘-价值
小盘	29	11	7	2020-06-30	小盘-价值
				2019-12-31	小盘-价值

图 3-10　丘栋荣的代表基金 A 全部持股市值规模风格

资料来源：聚源、上海证券基金评价研究中心

（数据时间：2023-06-30）

注：①数字代表该基金在各风格上的投资占比；②由于数据的四舍五入可能导致最终占比相加不为 100。

认识基金经理的投资风格

观察该基金 2023 年中期报告持仓（图 3-11），重仓股流通市值中位数为 128.45 亿元，多数重仓股的流通市值小于 200 亿元。重仓股行业分散于机械设备、汽车、有色金属等行业。

序号	股票代码	股票名称	持仓占比(%)	持股数量(万股)	PE	行业	流通市值(亿元)
1	603100	川仪股份	7.16 ↑	1,445.88 ↓	25.16	机械设备	151.98
2	603035	常熟汽饰	4.46 ↑	1,802.07 —	14.06	汽车	73.84
3	603599	广信股份	4.29 ↑	1,243.59 ↑	7.77	基础化工	175.76
4	603368	柳药集团	4.00 ↑	1,270.93 ↑	12.07	医药生物	89.51
5	002840	华统股份	3.54 ↓	1,774.64 —	134.90	食品饮料	72.36
6	600497	驰宏锌锗	3.45 ↓	5,386.51 ↓	36.42	有色金属	255.58
7	603529	爱玛科技	3.18 ↑	774.94 ↑	13.66	汽车	71.99
8	603876	鼎胜新材	3.09 ↑	1,261.37 ↑	12.83	有色金属	168.57
9	300861	美畅股份	3.04 ↑	550.32 ↑	13.28	机械设备	104.93
10	688099	晶晨股份	3.02 ↑	298.64 ↑	72.10	电子	350.92
重仓股集中度			39.23	下降	13.86(中位数)		128.45(中位数)
重仓股占总资产比例			41.51	下降			

图 3-11　丘栋荣的代表基金 A 重仓股流通市值及行业分布

资料来源：聚源、上海证券基金评价研究中心

（数据时间：2023-06-30）

需要说明的是，市值风格维度的划分，依据的是基金经理现阶段的持仓结果。持仓呈现出或大或小的市值特征，但市值可能并不是基金经理选股的关键原因。换句话说，基金经理在选股的时候可能并没有过多考虑市值因素，只是符合其选股逻辑的股票刚好集中在某一个市值区间，造成的客观结果是呈现出了一定的市值特征，但这不是基金经理主观想要的结果。因而，市值风格可能有阶段性。比如被划分进小盘风格的丘栋荣，他在加入中庚基金之前，也曾经以投资大盘股为

主闻名，彼时大盘股处于较低估值，符合其选股"审美"。数年之后，小盘股价值回归，进入其选股视野，持仓阶段性呈现出小市值特征，但对基金经理来说，他本人可能并没有大小盘的偏好，只要符合其选股逻辑都可以成为其重仓。

3.1.2 价值成长风格维度

1. 价值成长风格的界定

价值成长维度对基金经理投资风格划分的依据是基金持仓中股票的成长性，包括但不限于估值及一些其他财务指标。基金经理在评估一个企业的成长性时会分析很多指标，包括ROE、上下游客户、产业链重要性、行业空间等，但其中一个最简单好用的指标是市盈率，也就是常说的估值，计算公式如下

$$市盈率 = 股票价格 / 每股净收益$$

一般来说，成长性较强的公司盈利能力往往体现在未来，所以当前盈利能力可能较低，这也是成长股的市盈率通常较高的原因。上海证券基金评价研究中心在界定价值成长风格时，综合考虑股票的市盈率和市净率，将股票的估值指标从低到高进行排序，将估值指标最低的前 1/3 的股票划至价值股的范畴，将中间 1/3 的股票界定为平衡风格，将估值指标最高的 1/3 的股票定义为成长股。

认识基金经理的投资风格

如果一位基金经理的基金持仓中成长风格的股票占比较高,就将其划入成长风格;若其基金持仓中价值风格的股票占比较高,就将其划入价值风格;若成长风格或价值风格都没有显著的占比优势,常常将其划为平衡风格。

与基金经理市值规模风格划分类似,对基金经理价值成长风格的划分也有绝对标准和相对标准。

绝对标准下:根据基金经理期末持仓分类汇总价值、平衡、成长风格股票的持有比例,超过50%的为对应风格。比如,某基金经理在季度末报告中显示其有超过50%的基金净资产投资于价值风格的股票,那么上海证券基金评价研究中心将其定义为绝对价值风格基金经理;类似地,如果某基金经理对平衡股票或成长股的持仓比例超过50%,则定义其为绝对平衡风格基金经理或绝对成长风格基金经理。

相对标准下:根据基金经理期末持仓分类汇总价值、平衡、成长风格股票的持有比例,相对持有比例最高的为对应风格。比如某基金经理在季度末报告中显示其价值风格的股票占比高于平衡风格或成长风格的股票,那么上海证券基金评价研究中心将其定义为相对价值风格基金经理;相似地,若某基金经理持有相对较多的平衡风格股票或成长风格股票,则定义其为相对平衡风格或相对成长风格基金经理。在该种分类方法下,只需要有一种价值成长风格高于其他两种即可,并不需要持仓占比超过某一确定数值。

第3章 了解基金经理：什么在影响投资风格

（1）价值风格

价值风格的代表人物是巴菲特和本杰明·格雷厄姆（以下简称"格雷厄姆"）。巴菲特师从格雷厄姆，他们都是价值风格的簇拥者。价值投资通常会利用市场错误定价的机会，买一些股价明显低于内在价值的公司，等待价值回归。

投资者若想取得投资成功，对内在价值的准确估计是根本出发点。没有它，任何投资者想取得持续投资成功的希望都仅仅是希望。巴菲特曾说，最好的投资课程要教好两件事：如何估计投资的价值，如何看待市场价格走势。最古老也最简单的投资原则是"低买高卖"，但什么是低，什么是高？必须有一些评价高和低的客观标准，其中最有用的就是资产的内在价值。因此，对于价值风格而言，准确估计资产的内在价值尤为重要。

（2）成长风格

说到成长风格一定绕不开彼得·林奇（以下简称"林奇"）和菲利普·费雪（以下简称"费雪"）两位大师。费雪在《怎样选择成长股》一书中提出，要从成长潜力、盈利能力、管理层能力、市场影响力和管理层的诚信度五个维度选择成长股，并总结出一套成长股投资的标准模板。成长风格的基金经理往往更看重企业的成长性，他们认为高估值是可以通过高速增长消化掉的，所以愿意以一定的高估值换取潜在的超额收益。

成长是投资中魅力最大的部分，但成长也意味着面向未来，意味着变化和不确定性，甚至当前的收入都可能尚未覆盖成本，利润或许为负，但是从成长性来看，主营业务收入的增长率和净利润增长率等指标都比较高。值得注意的是，成长股投资方法也在随着时代的变化而迭代和优化。很多基金经理从行业景气度出发，从行业容量出发，都是成长风格的一种思路。

（3）平衡风格

如果基金经理的投资风格既不是很明显地关注价值，也不是很鲜明地专注于成长，而是在两种风格之间追求平衡的状态，通常将其归纳为平衡风格。很多基金经理虽然关注企业的成长性，但也不放弃估值，而是赋予两种风格因子同等重要的权重；或是基于价值风格构建一部分仓位，基于成长风格构建另一部分仓位；抑或是对价值/成长风格有判断，在某些时间段体现为价值风格，而随着市场的演绎，也会体现出成长风格。

简单来说，价值风格更聚焦当下，成长风格更关注未来，而平衡风格较为均衡兼顾，是一种介于价值和成长之间的状态和风格。

以上海证券基金评价研究中心价值成长属性分类下的绝对价值、绝对平衡、绝对成长风格主动权益基金为样本进行统计，发现截至2021年中成长风格主动管理权益基金在数量

第 3 章　了解基金经理：什么在影响投资风格

和合计规模上均遥遥领先，见表 3-3。这种现象与自 2019 年以来成长风格表现大幅领先于价值风格有密切关联，资金的热捧也会在一定程度上推升个股的估值指标，使得个股的成长属性加强，被纳入成长风格基金的数量进一步增加。随着市场风格在随后转向，价值跑赢成长，价值风格、平衡风格的基金数量和规模占比逐渐攀升，成长风格基金的规模则大幅萎缩，见表 3-3。截至 2023 年中，平衡、价值风格主动权益基金的合计规模与成长风格基金接近，更多数量的基金在持股风格上更为分散和均衡，三类风格的股票配置比例均未超 50%，因而不属于上述任一风格。

表 3-3　价值平衡成长风格基金概况

不同风格的基金	2023-06-30		2021-06-30	
	数量	合计规模（亿元）	数量	合计规模（亿元）
价值风格基金	357	4,029.45	78	1,055.13
平衡风格基金	176	3,473.88	20	847.50
成长风格基金	782	8,570.41	1,176	30,563.36

注：数据来源于 Wind、上海证券基金评价研究中心。

以上分类依据绝对标准，将价值、平衡、成长三类风格的股票持仓均未达到 50% 的基金划入均衡类别中，2023 年 6 月 30 日的数据中又有较大数量基金划入均衡类别中，因此，表 3-3 中的基金数量与规模出现较大变动。

2. 价值成长风格基金的特征

通过以上几个指标数据，能清晰地感受到成长风格、平衡风格和价值风格之间的特征和差异。以下从估值指标、盈利指标、换手率指标、交易习惯、行业偏好、业绩特征及持有体验等方面探讨基金经理价值成长风格的特征，见表3-4。

表3-4 价值成长风格基金特征汇总

比较项	价值风格	平衡风格	成长风格
重仓持股市盈率水平	低	中	高
重仓持股企业亏损容忍度	低	中	高
换手率	低	中	高
交易习惯	左侧	—	右侧
最高持仓行业	医药生物	食品饮料	电子
业绩特征	低波动	中波动	高波动

注：持仓行业数据截至2023-06-30。

（1）估值指标

通过市盈率考察价值成长风格的不同特征：成长风格基金的重仓股市盈率中位数的平均值为49.97，平衡风格基金的重仓股市盈率中位数的平均值为30.24，而价值风格基金的这一指标为17.53。由此可见，价值风格基金经理更偏好低估值资产，以对组合形成向下的保护。

见表3-5，从重仓股市盈率中位数的最大值来看，成长风格高达126.05倍，而平衡和价值风格分别为52.53倍和

48.19倍。从重仓股市盈率中位数的最小值来看，成长风格重仓股市盈率中位数出现为负的情况，表明所投资重仓股公司多数尚处于亏损状态，而平衡、价值风格的这一指标则没有负数，即基金经理在企业当前盈利水平这一块较为重视。

表3-5 价值成长风格基金重仓市盈率中位数情况

市盈率（PE）	成长风格	平衡风格	价值风格
平均值	49.97	30.24	17.53
最大值	126.05	52.53	48.19
最小值	−32.10	10.58	0.08

注：1. 数据来源于Wind、上海证券基金评价研究中心。
2. 数据时间：2023-06-30。

（2）盈利指标

见表3-6，通过净资产收益率考察价值成长风格的不同特征：成长风格基金的重仓股净资产收益率中位数的平均值为6.21%，平衡风格基金的重仓股净资产收益率中位数的平均值为9.86%，而价值风格基金的这一指标为6.94%。

从重仓股净资产收益率中位数的最大值来看，成长风格达到33.62%，而平衡和价值风格分别为16.89%和13.70%。从行业发展阶段的角度来看，部分高成长性行业处在市场爆发初期，市场竞争尚不充分，存在高资产回报率红利期。从重仓股净资产收益率中位数的最小值来看，成长风格有重仓股净资产收益率中位数为负的情况，表明成长风格的基金经理对当前企业未盈利状态的容忍度较高，更加着眼于未来企业发展空间，而平衡、价值风格的基金经理对企业当前盈利水平要求较高。

表3-6 各风格基金重仓净资产收益率中位数情况

权益净利率（ROE）	成长风格	平衡风格	价值风格
平均值	6.21	9.86	6.94
最大值	33.62	16.89	13.70
最小值	-8.45	3.93	2.36

注：1. 数据来源于 Wind、上海证券基金评价研究中心。
   2. 数据时间：2023-06-30。

（3）换手率指标

通过换手率考察价值成长风格的交易特征：2023年上半年成长风格基金的平均换手率为2.46倍，平衡风格基金的平均换手率为1.35倍，而价值风格基金的这一指标为1.88倍。由此可见，成长风格基金经理更容易体现出较为频繁的换手、较短的持仓周期。造成这种现象的原因主要有以下三方面：

1）价值风格的基金经理买入股票的估值往往较低，所以能够在一定程度上形成下跌保护，基金经理更能够拿得住，换手率更低。

2）价值风格的股票波动率往往更低，基金经理更容易"安稳"地坐在车上，所以换手率更低。

3）价值风格的基金经理往往在组合构建中对企业内在价值的计算赋予更高的权重，所以在持有过程中常常更坚定，换手率较低。

（4）交易习惯

不同的投资风格也带来了不同的交易习惯。比如，在价值风格中，基金经理的交易行为往往偏左侧，他们对估值的容忍度较低，无论是买入还是卖出，都倾向于做在市场之前，常常会提前布局他们认为被市场低估的股票，当股价达到他们所认为的内在价值时，就会选择止盈。从结果来看，买点和卖点都会偏左侧。

而在成长风格中，基金经理的交易行为既有可能偏左侧也有可能偏右侧：有部分偏好挖掘黑马股的基金经理，在企业还未展现出傲人业绩时便提前布局，一路陪伴；也有部分偏好白马成长逻辑的基金经理买入点偏右侧，试图抓住效率最高的阶段。

（5）行业偏好

观察成长、价值、平衡三类风格基金经理的持仓，总结如下：从2023年中报来看，成长风格基金经理大多将仓位放在电子、计算机、医药生物等高成长性行业。如图3-12所示，价值风格基金经理前三大持仓行业分别为医药生物、银行、有色，值得注意的是，医药生物在传统意义上属于成长风格行业，在这一时间点成为价值风格基金经理的第一大重仓行业，主要源自医药生物板块自2021年起经历持续调整，此刻投资价值逐渐显现，与价值投资的逆向投资理念不谋而合。平衡风格的基金经理的持仓既有偏成长的仓位同时也有偏价值的仓位，包括食品饮料、电力设备、医药生物等行业，组合的净值曲线往往较成长风格更平稳一些，介于成长风格与价值风格之间。

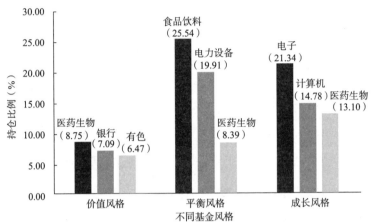

图 3-12　不同基金风格的行业偏好

资料来源：Wind，上海证券基金评价研究中心

（数据时间：2023-06-30）

（6）业绩特征及持有体验

以上海证券基金评价研究中心价值成长属性分类下的价值、平衡、成长风格基金为样本，统计三类风格 2010 年以来各自然年度收益率，如图 3-13 所示。与市值风格相似，成长、价值、平衡三类投资风格的年度收益率亦同涨同跌，但在涨幅或跌幅上有所不同：整体来看，成长风格往往涨幅最大或跌幅最深，与成长股较高的波动率和较大的弹性相吻合；价值风格的涨跌幅整体较成长风格有所收敛；平衡风格大多时间介于两者之间。

第3章 了解基金经理：什么在影响投资风格

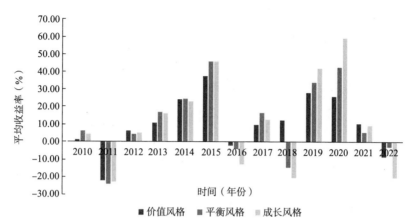

图3-13 成长价值风格基金各自然年度平均收益率

资料来源：Wind，上海证券基金评价研究中心

（数据截至2022-12-31）

如图3-14所示，基于持有体验统计成长、平衡、价值三类风格的年化波动率均值，成长风格的平均年化波动率最高，为20.69%；平衡风格次之，为16.38%；价值风格的平均年化波动率最低，为13.35%。这印证了成长风格波动率高于平衡风格高于价值风格。

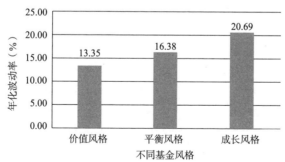

图3-14 不同基金风格年化波动率均值

资料来源：聚源，上海证券基金评价研究中心

（时间区间：各只基金成立之日至2022年12月31日）

061

3. 价值成长风格细分

从前述分类中，能看到同种风格之间的一些差异。由此，市场上也有对于成长价值风格的进一步细分，这里选取几种常见的细分方法阐述。

（1）价值风格的细分

如图 3-15 所示，价值风格还可进一步细分为相对价值风格和绝对价值风格。前者更关心企业的价值在市场中相较其他公司而言的相对位置，而后者则更关心企业价值本身。因此，绝对价值风格在选股时喜欢寻找股价相对于企业内在价值有很大折扣的公司，当这种风格发挥到极致时，便称其为深度价值。

图 3-15　价值风格细分

深度价值通常投资于一些当前不为市场认可的企业，或是一些处于逆境中的企业。这几年比较典型的包括航空、免税、酒店、文旅或交运等受疫情影响较为严重但有反转预期行业的公司。这些逆境投资往往蕴含着逆向投资的理念，所以深度价值常和逆向投资有些许重合。

相对价值风格会通过比较不同行业的内在价值，选择一些价值回归概率较大的企业进行投资。相对价值投资常常包含一些行业比较的思路,可能会在不同行业间进行轮动,所以相对价值和行业轮动可能会有重合。

当前,国内市场相对价值风格的基金经理数量多于绝对价值风格的基金经理。

(2)平衡风格的细分

平衡风格可以按平衡的维度进行细分,如可以细分为行业均衡[一]、风格平衡、市值均衡等。有的基金经理会通过行业维度对组合进行均衡配置,主要体现为其不会过多地暴露于某一单一行业,而是将仓位大致均衡地分配至消费、医药、科技、金融地产、周期(基建、能源和养殖)等大类行业中的几个,在板块行情轮动较为明显的 A 股市场,行业均衡的风格可以较为有效地分散风险。同样的道理,有的基金经理会根据风格、市值等因素对组合进行平衡配置。

4. 基金经理示例

(1)价值风格:鲍无可

鲍无可于 2008 年起开始在证券行业担任研究员,2009 年加入景顺长城基金,代表作为景顺长城能源基建。从鲍无可持仓因子暴露来看,账面股价比(市净率倒数)因子暴露显

[一] 如果在两项中进行平衡,我们称之为平衡;如果在三项及三项以上中进行平衡,我们称之为均衡。

著高于同类平均水平,如图3-16所示(数据来源于景顺长城基金,截至2023-06-30)。

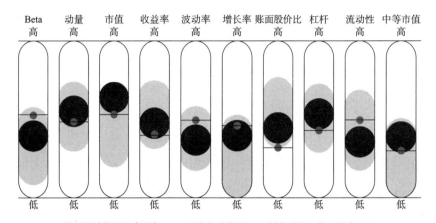

图3-16 鲍无可(景顺长城能源基建)重仓股因子暴露

资料来源:聚源,上海证券基金评价研究中心

(数据截至2023-06-30)

注:账面股价比反映的是基金持股市净率(PB)的倒数,位置越高说明该基金相比同类型基金更偏好配置低估值的股票。

观察鲍无可的代表产品景顺长城能源基建最新一期持仓,市盈率中位数为15.53倍,8只股票市盈率不超过20倍,重仓股行业多集中于周期、公用事业等板块,如图3-17所示。

(2)成长风格:董晗

董晗拥有10多年的基金管理经验,管理的基金产品在其任职期间多次获奖。理工科学术背景使得董晗在半导体、新能源等科技股的研究上具有优势,其管理的偏股型基金多聚焦成长风格,如图3-18所示。

第 3 章　了解基金经理：什么在影响投资风格

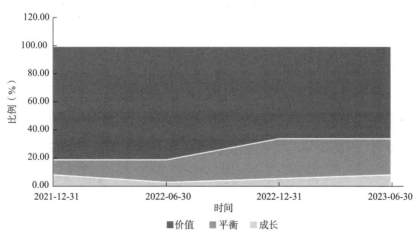

图 3-17　景顺长城能源基建重仓股流通市值及行业分布

资料来源：聚源，上海证券基金评价研究中心

（数据时间：2023-06-30）

图 3-18　景顺长城先进制造持仓股票风格分布

资料来源：聚源，上海证券基金评价研究中心

观察董晗当前在管的景顺长城先进制造重仓持股情况，市盈率中位数达到了 53.15，投向行业集中于电子、国防军工

认识基金经理的投资风格

计算机等，如图 3-19 所示。

序号	股票代码	股票名称	持仓占比(%)	持股数量(万股)	PE	行业	流通市值(亿元)
1	000063	中兴通讯	3.97	185.91 ↑	25.38	通信	1,814.06
2	300750	宁德时代	3.97 ↓	36.99 ↑	25.75	电力设备	8,883.79
3	688120	华海清科	3.56 ↑	30.75 ↑	66.30	电子	284.92
4	600760	中航沈飞	3.55 ↑	168.01 ↑	50.92	国防军工	1,235.13
5	688012	中微公司	3.38 ↑	45.97 ↓	72.83	电子	967.17
6	688037	芯源微	3.29 ↑	42.17 ↑	100.53	电子	234.97
7	600562	国睿科技	3.25 ↑	427.76 ↑	34.96	国防军工	198.65
8	000733	振华科技	3.19 ↑	70.93 ↑	19.88	国防军工	498.52
9	688111	金山办公	3.14 ↓	14.18 ↓	192.18	计算机	2,179.37
10	300033	同花顺	3.04 ↓	37.00 ↑	55.38	计算机	475.97
重仓股集中度			34.34	下降	53.15(中位数)		732.84(中位数)
重仓股占股票资产比例			38.43	下降			

图 3-19 董晗（景顺长城先进制造）重仓股流通市值及行业分布

资料来源：聚源，上海证券基金评价研究中心

（数据时间：2023-06-30）

（3）平衡风格：傅友兴

傅友兴自 2002 年起在证券行业担任研究员，2006 年加入广发基金公司，迄今投资年限超过 15 年。从傅友兴的持仓风格来看，价值风格与成长风格配置较为平衡。从因子暴露来看，多数因子与同类平均水平接近，体现了较为平衡的风格特征，如图 3-20 所示。

从傅友兴代表基金 A 最新一期持仓来看，市盈率中位数为 33.58 倍，流通市值中位数为 286.51 亿元，前十大重仓股行业分散于 8 个申万一级行业，平衡风格明显，如图 3-21 所示。

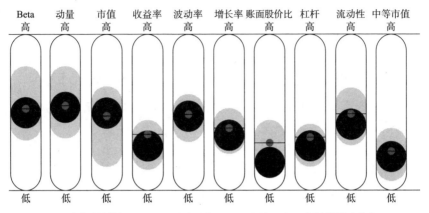

图 3-20　傅友兴的代表基金 A 重仓股因子暴露

资料来源：聚源，上海证券基金评价研究中心

（数据时间：2023-06-30）

注：流动性：反映基金持股的换手率，数值越大说明基金偏好配置高换手的股票。

前十大重仓股票　　报告期 2023-06-30

序号	股票代码	股票名称	持仓占比(%)	持股数量(万股)	PE	行业	流通市值(亿元)
1	603833	欧派家居	4.25 ↓	680.00 —	22.55	轻工制造	583.57
2	605499	东鹏饮料	3.78 ↓	335.00 ↑	43.41	食品饮料	275.38
3	300408	三环集团	3.29 ↓	1,720.00 ↓	42.38	电子	543.10
4	300012	华测检测	3.05 ↑	2,400.00 —	35.39	社会服务	297.76
5	002832	比音勒芬	2.68 ↑	1,160.00 ↓	24.78	纺织服饰	137.89
6	600519	贵州茅台	1.98 —	18.00 —	32.06	食品饮料	21,242.30
7	300979	华利集团	1.91 ↓	600.00 ↓	18.58	纺织服饰	71.20
8	600933	爱柯迪	1.82 ↓	1,200.00 ↓	28.06	汽车	205.71
9	300357	我武生物	1.71 ↓	780.00 —	53.76	医药生物	157.94
10	002027	分众传媒	1.69 ↓	3,800.00 ↓	35.10	传媒	983.51
重仓股集中度			26.16	下降	33.58(中位数)		286.57(中位数)
重仓股占股票资产比例			66.10	上升			

图 3-21　傅友兴的代表基金 A 重仓股流通市值及行业分布

资料来源：聚源、上海证券基金评价研究中心

（数据时间：2023-06-30）

5. 价值风格与成长风格的核心差异

价值成长风格较市值规模风格具有更多的主观选择和逻辑。尽管是从定量持仓出发归纳出的价值风格和成长风格，但实质上的差异源于基金经理投资理念的不同。

1）从投资理念来看，价值风格更关注低估值和安全边际，成长风格更看重企业的成长性和未来的发展；价值风格更注重企业的财务状况和现金流，成长风格则更看重企业的商业模式、公司所处行业的空间。

2）从换手率来看，价值风格由于有低估值做保护，且更关注企业内在价值的计算，所以换手率通常较低；成长风格因波动率和弹性更大，所以换手率通常较高。

3）从交易习惯来看，价值风格因偏好投资于低估值企业，更偏向于左侧买入，卖出时也更为看重是否已达到基金经理认为的企业内在价值，达到则会卖出，因此卖出时点也偏左侧。成长风格的买卖时点很大程度上不基于估值做出，而是基于对企业成长性的判断，因此左侧或右侧买入卖出的基金经理都有。

4）从所投资的行业来看，价值风格偏好金融、地产、传统能源等估值水平较低的行业；成长风格偏好科技、生物医药等成长指标增速较高的行业。

5）从风险偏好来看，价值风格的风险偏好较低，低估值对价值风格形成向下保护，所以价值风格的弹性较小；成长风格的风险偏好较高,可以通过承受短期高波动换取未来长期的向上的空间,所以成长风格的弹性较大。

3.2 个人学习经历与工作经历

成长于军队大院的姜文,电影带有浓厚的硬汉气息和英雄的理想主义情结;北影摄影系出身的张艺谋,善用鲜明浓郁、对比强烈的色彩及结构严谨的构图;出生于九龙贫民区的周星驰,其无厘头喜剧背后总有一个善良的小人物努力奋斗的悲剧故事内核……

就像不同的出身及成长学习经历造就迥异的导演风格一般,基金经理投资风格的形成也与他们的个人经历显著相关。正如我们的经历塑造了现在的我们,基金经理的学习、工作、投资经历都可能深刻影响他们的投资风格。

3.2.1 学习经历

学习经历对投资风格的影响,从更广义的角度来说,包括专业学习、书本知识、前辈传承等多个方面。

1. 专业学习——构筑能力圈底色

诚然,一名优秀的基金经理必定具有不断学习进化、拓展能力圈的潜力,然而长达 4 年、6 年乃至 9 年的在校专业学习、思维训练仍会在一定程度上对基金经理风格产生影响，求学阶段所学专业可能会在很大程度上构成基金经理能力圈的底色。

以医疗主题为例，当前市场上管理医药主题基金规模前五名的基金经理无一例外具备医疗相关学历背景，见表3-7。经过多年的相关学术训练，他们对医疗行业内部的技术迭代规律、公司盈利逻辑等建立了远优于常人的深入理解，从而更擅长挖掘具备潜力的细分子行业及公司。

表3-7 头部医药主题基金经理学历背景

序号	基金经理	所属基金公司	医药基金管理规模（亿元）	学历背景
1	葛兰	中欧基金	651.01	美国西北大学生物医学工程专业博士
2	赵蓓	工银瑞信基金	203.11	南开大学医药学专业学士、金融工程专业硕士
3	郑磊	汇添富基金	146.45	复旦大学社会医学与卫生事业管理专业硕士
4	吴兴武	广发基金	126.97	南开大学微生物学专业硕士
5	杨桢霄	易方达基金	87.38	北京协和医学院生物化学与分子生物学专业硕博

注：1. 数据来源于Wind、上海证券基金评价研究中心。

2. 数据截至2023-06-30。

3. 医药基金包括基金名称中包含"医疗""医药"等关键词的主动管理权益基金。

再如，在新能源、半导体、高端制造等科技领域，不断涌现的新技术驱动生产效率提升，其涉及的专业知识远在常人认知范畴以外，存在天然壁垒，对相关投资机遇的把握对专业背景提出了更高要求。可以看到，近年来在金融领域，复合专业背景人才甚至非金融背景的人才越来越多。比如，景顺长城基金股票投资部总监董晗，拥有南京大学物理学硕士学位，他的投资风格偏向成长，在半导体等科技领域具有一定研究优势。

2. 书本知识——站在巨人的肩膀上

除了在校期间的专业学习，书本知识同样重要。

自1792年梧桐树协定塑造起纽约证券交易所的前身以来，230年间无数"聪明的头脑"争相进入资本市场，用一次次的交易探索并积累了宝贵的经验教训和知识体系。技术流派的威廉·江恩、杰西·利弗莫尔（以下简称"利弗莫尔"）等，价值流派的格雷厄姆、林奇、巴菲特等，这些大师们无一不将他们对市场的深刻思考转换成文字流传于世。

股市的后来者们，若非天赋异禀，那么模仿和借鉴开宗立派大师们的投资方法，便可能是绕不开的道路。很多基金经理在访谈时都谈到自己的阅读是爱好，看了什么和相信什么就很可能影响投资风格。技术分析与基本面流派、成长风格与价值风格等派别都能找到其代表性人物，他们的思想和投资哲学或许会在基金经理交易的某一个时刻悄然发挥作用。

比如，即使是巴菲特这样的投资大师，其投资也大量借鉴了前人的经验。巴菲特说，他是85%的格雷厄姆加上15%

的费雪。1949年，19岁的巴菲特被格雷厄姆的《聪明的投资者》深深吸引，并在其后成为格雷厄姆的学生，习得安全边际、长期投资、价值投资等理念的核心，构建了投资框架的基础。而在看了费雪的著作后，巴菲特感慨道："运用费雪的技巧，可以了解这一行，有助于做出一个聪明的投资决定。我是一个费雪著作的狂热读者，我想知道他所说过的一切东西。"此后，巴菲特对自己的投资方法进行了改良，在低估值之外，更加重视公司的本身是否优秀，更加集中投资。

放开视角来看，基金经理可能会从古今中外数千年的文化典籍中汲取养分，影响其世界观与价值观，进而对其投资风格产生影响。

投资小故事一

《孙子兵法》之于李进

"守正就够了，不需要出奇"

"喜欢读的书有《孙子兵法》"

……

在加入景顺长城基金后的第一场公开采访中，李进的寥寥数语就给人留下一个"人狠话不多"、踏实靠谱的印象。李进曾任宝盈基金权益投资部基金经理，2021年

第 3 章 了解基金经理：什么在影响投资风格

5月加入景顺长城基金，自2021年8月起担任股票投资部基金经理，现任股票投资部总监、基金经理。

投资者对于这位话不多但特色鲜明的基金经理颇为好奇，难道《孙子兵法》这样一部2500年前的兵家奇书，也对21世纪的A股市场有指导意义？

作为兵学奇书的《孙子兵法》，其思想核心是"慎战、少战"，在"知己知彼"明确敌我力量对比的情况下，能赢才打，从而追求"战必胜、攻必取、百战不殆"。从目标来说，其追求战必胜，是足够进取的；从战略来说，它强调"能赢才打"，是注重安全性、强调胜率的。实际上，我们可以从中看到进攻性与防守性的统一。

在李进的投资理念中，我们同样可以看到他对进攻性与防守性的整体考虑。李进说，他在管理基金伊始便定下一个目标，就是每年排名在前50%，这实际是一个"战必胜"的目标。同时，李进会根据对大方向变量的考量，一两年做一两次谨慎的择时，从而规避大的风险。

《孙子兵法》强调不打无把握之仗，绝对实力上的压制是获胜的根本，而不是通过"剑走偏锋""背水一战"等带有很强不确定性的、带有"赌"的性质的"奇招"。

在投资中，李进同样强调"守正就够了，不用出奇"。具体来说，他会通过深度研究，重仓买入优秀的公司并长期持有，陪伴其共同成长。坚持长期走在正确的道路上，在自己的能力圈范围内投资，摒弃那些无法创造价值的市场消息，避免超出能力圈的"致败投资"。

正如《孙子兵法》中所讲的，"知己知彼"是"百战不殆"的必要条件。基金投资中，在"守正"的投资框架下，如何识别优秀的公司也是关键所在。

3. 前辈传承——言传身教的影响

投资讲究知行合一，而把"所知"转化为"所行"的过程又因人而异。这个过程的差异，也是投资风格形成差异的关键之一。而这些是很难从书本当中习得的。"师父"手把手的教学、日常潜移默化的影响，是投资风格形成过程中不可忽视的要素。

大部分基金经理在成为基金经理之前，都有过基金经理助理的工作经验。作为基金经理助理，在基金管理中大概率是辅助和执行角色，然而基金经理面对不同市场变化时的应对之法是最直观的言传身教，可能会在一定程度上影响基金经理助理未来投资风格的形成。

业内很多基金经理都是基金公司一手培养起来的，成熟的基金公司自有一套内部薪火相传的文化和体系。这些"看不见摸不着"的文化也将通过前辈传承的方式在一定程度上影响基金经理风格。在基金经理访谈中，很多基金经理都会提到自己和某某前辈在同一个投研团队。

比如，在以"宁取细水长流，不要惊涛裂岸"为投资理念的景顺长城基金，通过前辈们的言传身教，这样的理念深入人心，多年来历任团队成员均保持了一贯的投资价值观，坚持以深度的基本面研究为基础寻找优质公司，分享优质公司长期发展红利，不参与市场的短期博弈。

3.2.2　工作经历

学习经历的影响可能更多地体现在书本和方法论层面上，而工作经历对投资风格的影响则更多地体现为实践之后获取的新知。

1. 研究经历

大多数基金经理的第一份工作并不是基金经理，可能先从行业内的研究员做起，有过丰富多彩的职业历练。对于从研究员开始证券职业生涯的基金经理而言，曾经研究的行业大概率会成为其原始且核心的能力圈。

比如，易方达消费行业的基金经理萧楠，曾担任易方达消费行业研究员长达6年，对消费板块有着极为深入的理解，其投资生涯也长期专注于投资消费板块，对食品饮料、家用电器、汽车等消费细分子行业长期高配。

2. 其他行业经历

对于那些从其他行业、其他公司转行成为基金经理的优秀人才，工作环境（包括公司和行业）和个人所产生的"化学反应"可能会影响其今后的思想和行为，这也是大多数人想选一个好学校、好公司、好行业的主要原因。我们发现，基金经理此前在其他行业的工作经历对他们的投资都有或多或少的影响。比如，景顺长城基金邹立虎，曾任职于华联期货、平安期货、中信期货，积累了较多的大宗商品投资研究经验，具有深厚的周期股研究功底，加入景顺长城基金后，他的配置同样体现出明显的周期色彩。此外，还有一些基金经理从为机构客户理财起步，这类基金经理都会格外注重风险管理。

投资小故事二

审计出身的投资玩法

在近年来的市场行情教育之下，当前似乎已经有言必谈"基本面"及"长期主义"的势头了。但是2005年，余广初入资产管理行业之时，基本面派并不占优，市场上常常见到的是消息、热点、炒作、概念等词汇。而余广从2005年进入资产管理行业后，就始终坚守基本面投资。

余广现任景顺长城基金股票投资部总经理,在进入资管行业前有7年会计事务所从业经历,曾参与多家上市公司的审计工作,具备扎实的财务基本功。审计工作的背景,一方面有助于余广深度挖掘和分析上市公司财务数据,另一方面使得余广在投资中也十分注重风控。具体而言,余广会挑选有较高ROE或ROIC,毛利率、净利率比较稳定,且增速比较高的公司,然后对这些基本面扎实的公司做进一步的研究。

余广对好公司的判断标准中,财务指标是颇为重要的。从实业角度看,余广认为,一家好公司应该具有高ROE、盈利稳定、健康的资产负债表,以及强劲的现金流,这些都是可以标准化的、可以从财务报告中挖掘出的量化选股指标。除此之外,余广还会关注公司的业务价值、业务模式,以及公司的治理结构、管理层能力和诚信水平等定性指标。

3.2.3 投资经历

投资经历也将深刻影响基金经理的投资风格。投资经历对投资风格的影响,可能是一个从"看山是山",到"看山不是山",再回归到"看山还是山"的过程;也可能类似于从"独上高楼",到"衣带渐宽",再到"蓦然回首,那人却在灯火阑珊处"的境界的转变。最开始，初生牛犊不怕虎，经历牛熊转换后，对风险和市场充满敬畏。始于牛市，可能风格充满进攻性；始于熊市，可能风格注重安全边际。从一定程度上说，经受住了牛熊转换、跌跌不休考验的基金经理在很大程度上拥有了更强大的心智和更成熟的风格。

投资小故事三

大萧条后的格雷厄姆与费雪

1929年美国遭遇大萧条，道琼斯指数3年下跌80%，35岁的格雷厄姆濒临破产，他在柯立芝繁荣时期积累的数千万美元财富短时间内灰飞烟灭（资料来源：Wind；《伟大的博弈》，[美]约翰·戈登）。

这段苦痛的记忆几乎从价值观层面彻底改变了格雷厄姆的投资理念，此后，"避免亏损"几乎成了他投资哲学的核心之一，体现在方法论上则是他的安全边际等理论。而为了在严酷的市场环境下也能最大限度降低风险、安全投资，格雷厄姆总结出一些投资基本原则，如寻找证券的内在价值、探测安全边际等，这些奠定了价值投资的哲学基础。

而"成长股投资策略之父"费雪，初入股市便赶上了美股在20世纪20年代的狂热时期,他的投资注重公司的发展前景、管理能力,倾向于购买有成长价值期望的股票。虽然后来遭遇了1929年大股灾,但年仅22岁的费雪很快就从崩盘的痛苦经历中走出来,并找到了新工作。虽然之后费雪又经历了东家破产、失业等一系列"水逆",但这些经历并没有使他灰心,并于1931年3月创立了费雪投资管理咨询公司。在此后的时间里,费雪发展并传播了"成长投资"的基本理念,成为成长股投资的先驱。

3.3 公司制度与文化

作为群体动物,人类个体是个性鲜明的,但是他所在的群体常常会对其施加影响,使其带有一定的群体特色。大至民族特性,小至球队球风,我们都能看到群体的作用。

本章前半部分论述了基金经理作为个体,其投资风格会受个人经历的影响。既然基金经理是一种职业,我们就需要在职场环境下探讨公司的文化与制度所产生的影响。这种影响可能是制度上的约束性,也可能是文化上的潜移默化。

3.3.1 公司制度

基金经理在构建能力圈、形成投资风格、稳定发挥投资风格的每一步都离不开公司的各项制度，包括培养机制、管理机制和考核机制等。

以景顺长城基金为例，在业绩考核上，公司从成立之初就定下了 1 年、3 年、5 年的考核期，并且 3 年、5 年的业绩占比达 60%，中长期业绩高于短期业绩权重。这样的考核权重有助于基金经理在投资上轻短期博弈，重长期价值。

景顺长城基金自成立之初就建立了一套基金经理的投资回顾制度。基金经理每季度需以类似答辩的形式，接受一对多的讨论与回顾。过往的每笔交易数据，都将接受风控部门的基础分析，以及分管投资领导的详细审视，以验证基金经理的操作是否与其对投资理念的阐述一致。对于此举的目的，公司认为："投资回顾的目的是保障基金经理的投资能力和业绩是可解释、可重复、可预测的。"正是对正确投资理念的严格坚持，造就了基金经理建立在完善投资框架体系下的投资风格，为投资人源源不断地创造超额收益。

在公司看来，只有知行合一的投资行为才能稳定地创造价值，而偏离投资体系的操作带来的收益只是基于运气的昙花一现。正是有了投资回顾制度的定期反馈，基金经理才得以及时调整投资行为框架，其优秀的业绩才得以延续。

3.3.2 公司文化

在公司制度以外，包括经营理念和公司氛围在内的公司文化，也以方方面面的形式内化到基金经理风格。

景顺长城基金早在 2003 年成立时就确立了"宁取细水长流，不要惊涛裂岸"的理念，并落实到公司管理的方方面面。在业务选择上，景顺长城基金坚持结合自身资源禀赋，聚焦主动管理业务。对非传统资管业务相对克制，对曾经的大热门（如分级基金、保本基金等）都没有涉猎，对自身能力不成熟的业务也谨慎参与。在这种经营理念的熏陶下，基金经理也形成了不热衷追逐热点、专注于自身能力圈的投资风格。

在投研文化上，景顺长城基金追求风格多元化。多元化意味着要淡化层级，营造平等交流的氛围，鼓励不同思维间的碰撞，这从公司办公室座位的设计上就可以看出：基金经理没有单独的办公室，几十位投研人员混坐在一片区域，方便随时进行讨论。在公司内部，时常可以听到不同观点间的激烈讨论，但不需要谁一定要说服谁，套用景顺长城基金内部讨论时常说的一句话就是"群龙无首，天下大吉"，也就是不希望有过于权威的风格影响其他团队成员在风格上的独立性。理念相同、风格不同的基金经理，都能在景顺长城基金找到自己发挥的空间。

3.4 市场环境与时代背景

科学、艺术都有明显的时代性。比如，像启明星一般照亮17世纪夜空的牛顿力学，在20世纪相对论和量子力学体系下却突然不适用了；20世纪80年代流行的服饰与妆容，如今来看并无美感。

我们同样难以离开时代背景谈投资。虽然知名的股票大作手利弗莫尔说，投资像山岳一样古老，华尔街永远不会变，人性永远不会变。但是，除了反映的人性共性，当21世纪的我们去回望20世纪那些大师们的投资时，可能会发现诸多不适用的地方。

在A股30余年的历史中，中国和世界均发生了翻天覆地的变化，市场环境与时代都或多或少地影响了基金经理的投资风格。

3.4.1 市场风格

A股市场风格可能影响基金经理风格的形成，也可能影响基金经理的风格发挥。

从A股市场风格超额收益指数来看（图3-22），2018年是价值风格和成长风格的分水岭，在此之前价值风格相对占优，在此之后成长风格一马当先。所谓"时势造英雄"，2018年之前形成自身投资风格的基金经理以价值风格居多，2018年之后以成长风格居多。

对于已经形成自身投资风格的基金经理，在顺境和逆境下管理基金，风格的表现形式也会略有不同。基金经理风格

第 3 章 了解基金经理：什么在影响投资风格

漂移在很多时候就是发生在基金经理风格和市场风格不相符的时候。当然，也有很多基金经理并不受市场风格影响，从业多年来始终坚持自己的投资风格，即使面临极大压力，仍能践行深度价值理念，定力可见一斑。

图 3-22　A 股市场风格超额收益指数

（时间区间：2004-12-31—2022-12-31）

注：①数据来源：Wind，上海证券基金评价研究中心；②小盘相对大盘超额收益指数：以 2004-12-31 为基点 1,000，日收益率 =（中证 1000 指数日收益率 - 沪深 300 指数日收益率）；③价值相对于成长超额收益指数：以 2004-12-31 为基点 1,000，日收益率 =（国证价值指数日收益率 - 国证成长指数日收益率）

有人坚守，有人改变，拓宽"能力圈"是每位不甘落后于市场的基金经理的必修课，到底是"纵向"拓宽，还是"横向"拓宽，本身并无优劣，只取决于个人的投资理念。因此，对于基金经理投资风格也需要实时跟踪。

3.4.2 基金规模增长

随着我国国民收入的增长,以及基金投资概念的深入人心,基金规模也大幅增长。从图3-23可以看到,规模排名前十的基金平均规模相较于十年前呈现出数倍的增长。

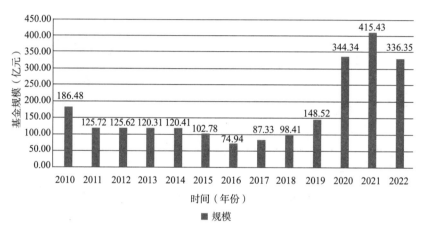

图3-23 规模排名前十基金的平均规模变迁

资料来源:Wind,上海证券基金评价研究中心

(时间区间:2010-12-31—2022-12-31)

一般而言,随着基金规模的增长,不同的基金经理投资风格会受到不同影响。对于低投资换手率、倾向于买入股票并长期持有的基金经理来说,基金规模变大所带来的影响可能较小。对于重视交易机会的基金经理,规模变大后需要顾及买卖股票造成的冲击成本,基金经理可能不得不降低交易频率。同样的,因为市场容量原因,基金规模增大,对中小盘风格或者特殊较狭窄赛道风格影响较大,对大盘

风格等影响较小。

3.4.3 时代背景

从更宏观的视角来看，投资风格也离不开时代的大背景。1990年，伴随着一声锣响，上海证券交易所正式开市营业。三十余年来，社会经济发展面貌日新月异，A股投资热点也经历多轮变迁。成长于不同年代的基金经理，其投资风格或多或少都带有时代的烙印。

从成分股市值最为领先的沪深300指数行业占比的变迁情况，可以看到经济结构重心的变迁给A股市场结构带来的变化：近十年来，沪深300指数中权重上升最多的五个行业分别为电力设备、电子、食品饮料、医药生物、计算机，权重下降最多的五个行业则为银行、煤炭、房地产、有色金属、非银金融，轻资产化的消费、科技领域企业逐渐替代重资源、重资产企业，成为我国经济新的驱动力。

地产发展黄金十年期，地产、建材、家电等地产产业链条，以及与地产行业共生共长的大金融板块大放异彩，是这一时代成长起来的基金经理绕不过的研究对象。而生长于生产、生活消费方式快速变迁的中、新生代基金经理，新经济、新消费领域则是他们的强项。这也一定程度上解释了为何当前市场上的新生代基金经理多偏好成长风格。

沪深300指数行业成分权重十年变迁见表3-8。

认识基金经理的投资风格

表 3-8　沪深 300 指数行业成分权重十年变迁

行业	权重（%）	
	2012-12-31	2022-12-31
银行	21.86	11.00
非银金融	12.97	10.25
房地产	6.67	1.67
有色金属	6.53	3.49
食品饮料	6.01	12.12
煤炭	5.14	1.41
医药生物	4.46	6.48
机械设备	4.00	2.17
建筑装饰	3.60	2.19
汽车	3.22	3.39
交通运输	2.86	3.11
石油石化	2.44	1.67
家用电器	2.38	3.31
公用事业	2.20	2.93
商贸零售	1.92	0.57
钢铁	1.90	0.60
基础化工	1.78	2.54
建筑材料	1.43	1.08
国防军工	1.34	1.90
通信	1.24	2.17
电力设备	1.19	10.39

（续）

行业	权重（%）	
	2012-12-31	2022-12-31
电子	1.08	7.68
计算机	0.96	4.77
农林牧渔	0.89	1.54
综合	0.52	0.00
美容护理	0.32	0.42
传媒	0.28	0.73
社会服务	0.14	0.10
纺织服饰	0.13	0.04
环保	0.10	0.00
轻工制造	0.00	0.24

从个人到公司，再到市场与时代，我们按照微观—中观—宏观的思路总结了基金经理投资风格的影响因素。微观层面，个人的学习经历、工作经历与投资经历在很大程度上塑造了基金经理的投资风格，是颇为直接的影响因素。中观层面，基金经理所处公司的制度与文化极大地影响了他们的投资风格，可能有扶助，也可能有约束。宏观层面，时代的差异赋予了经济与市场不同的面貌，基金经理的投资风格很难跳脱出时代的框架，打上了时代的烙印。有了以上这些梳理和分析，投资者分析基金经理投资风格的思路也就相对完整和清晰了。

认识基金经理的投资风格

> **扩展阅读**

基金经理风格管理的境外实践

相对来说,境外资产管理行业有更长时间的实践,在基金经理风格的培养和管理上也积累了一定的经验。

1. 投资风格的培养与管理

景顺长城基金外方股东景顺于1935年12月成立,80余年来专注投资管理,在逾25个国家和地区开展业务,在多样化的投资风格管理方面积累了丰富的经验。其中,景顺亚太区总部位于中国香港,自20世纪70年代以来就专注于拓展主动型基金管理业务,为客户实现投资目标提供支持(基金管理人与股东之间实行业务隔离制度,股东并不直接参与基金财产的投资运作)。

以景顺亚太区为例。在实践中,公司鼓励每一位基金经理都要有独立思考的能力,帮助基金经理形成和建立符合其性格和经验的投资风格。从投资管理的角度,公司要求基金经理投资风格的一致性,并对投资结果负责。考核指标着重中长期业绩(3年+、5年+),不会过度关注短期(1年)业绩,主要是持续考察基金经理的长期业绩表现,经历不同市场周期的长期alpha能力

第3章 了解基金经理：什么在影响投资风格

（包括升市 alpha、跌市 alpha）、对业绩来源及波动的充分理解，比较看重基金经理经验的积累，是否拥有清晰的投资理念、严谨的投资纪律，以及投资表现与投资风格的一致性。

在景顺看来，持续的超额收益或绝对收益比短暂的出众业绩更有价值。一位基金经理长期的历史业绩非常重要，业绩的稳定性也很重要，因此，景顺希望基金经理多注意风险相对收益的衡量，多以绝对收益的心态进行思考，更好地控制下行风险。

具体来说，景顺的定期组合回顾是保持投资质量的核心，透过一年至少两次的回顾，紧贴基金经理的持仓情况及当中的风险点，深入了解各位基金经理的特性、优点和挑战。

由资深的投资管理人员及风控根据业绩归因分析、投资风控报告、买卖交易、组合策略和主动偏离等维度，以组合业绩及风险目标、产品定位为出发点，与基金经理进行沟通，并进行质量控制和风险监控。

通过组合回顾及讨论以达到以下三个目的：

1）充分了解每一位基金经理的投资风格、流程的表述与遵守情况，从而进行质量控制，并在必要时做出提示，协助其进行反思及调整。

2）充分了解组合业绩及风险的来源，并思考是否符合预期、是否合理。

3）充分了解基金经理的思路、担忧及期望。

对于经验丰富、拥有良好历史业绩的基金经理，景顺会给予他们发挥的空间，同时确保他们遵循投资纪律；对于经验比较缺乏的基金经理，由于他们容易在动荡的市场中迷失，对短期业绩的过度关注可能会使他们过分注重短线交易，需要给他们提示，帮助他们理顺投资风格和流程。

2. 投资风格的稳定及漂移

在境外，基金经理通常都有比较固定的投资风格，注重长线投资，深入研究，精选个股，减少交易。考核通常也是按照风格分类，基金经理只要跑赢相关的风格指数和同业分类即可，而不是把不同风格的基金都放在一起排名。此外，其考核期间更长。即便如此，因国际资管行业已发展至成熟阶段，竞争十分激烈，优胜劣汰，一部分主动权益基金可能会受风格逆风影响长期跑输指数，被动产品ETF抢占主动权益产品的市场份额，只有最优秀的基金经理才能扩大规模和市场份额。

受诸多因素影响，基金风格漂移现象在境内外广泛存在，短期的业绩竞争压力是基金发生风格漂移最主要的原因。业界普遍认为,风格漂移对基金的长期业绩存在负向影响。

托马斯·艾德左瑞克与弗雷德·伯茨于2004年提出了SDS指标,用于度量基金在某一时期内投资风格变化的程度。SDS后续成为被广泛运用的衡量基金风格漂移程度的指标,其值越高,风格漂移程度越大。

晨星中国曾在2019年利用SDS指标对中美两国的股票型基金的风格漂移现象进行统计分析,结果显示,中国偏股型基金的风格漂移现象较之美国更为严重:美国股票型基金的风格漂移得分均值为21.3,且漂移得分不超过30的基金数量占比为86%(样本基金数量为2,224只),如图3-24所示;中国偏股型基金的风格漂移得分均值为42.3,而风格漂移得分低于30的基金数

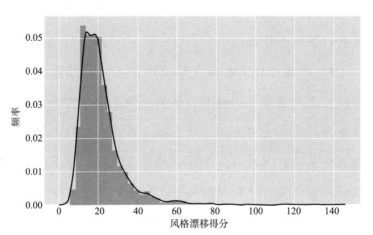

图3-24　美国股票型基金风格漂移情况

资料来源:晨星中国

量占比仅为23%（样本基金数量为1,050只），如图3-25所示。

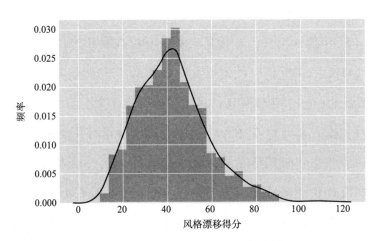

图3-25　中国偏股型基金风格漂移情况

资料来源：晨星中国

为什么美国的基金产品风格漂移问题相对较好？主要是因为境外成熟市场的基金产品在风格漂移控制方面具有以下5个特征：

1）产品设计上有细分的业绩基准。境外基金产品在设计上都有非常明确而细化的业绩基准。比如，消费品基金对应的是消费品业绩基准，医药基金对应的是医药业绩基准，互联网基金对应的是互联网业绩基准。根据一项对美国1984—1994年所有基金产品的研究，所有基金产品和其业绩基准的风格相关度在0.73，其中大盘基金相关度为0.79、小盘基金相关度为0.88、价值基

第 3 章　了解基金经理：什么在影响投资风格

金相关度为 0.73、成长基金相关度为 0.74。这些基金过去的投资风格都稳定地在未来得到了保持。

2）考核跟踪误差。境外基金公司对基金经理的考核不仅看收益率，还看跟踪误差。因为在投资中收益和风险是匹配的，收益率最大化往往意味着要承担更大的风险。如果对基金经理的考核只看收益率，他们要实现这个目标就必须将收益率最大化。这将导致每一年的基金产品只有一种风格：收益率最大化。同时，如果再加上考核周期偏短，往往是一年两年的，大家都以博取短期收益率为目标。晨星曾经对美国 1978—1996 年所有对标标普 500 的共同基金进行了一项研究，发现这些基金的月度跟踪误差中位数为 1.95%，年化跟踪误差中位数为 6.74%。这意味着，基金产品在行业配置和个股选择上都没有大幅偏离其基准。

3）基金经理对自己风格有清晰的认知。境外基金公司的风格划分非常细，从任研究员开始就在一个细化的风格领域里进行长期培养，直至成为基金经理，并不断在这个细化的风格领域里将基金经理的能力最大化。因此，基金经理对自己的能力圈和风格有十分清晰的认知。在投资生涯初期，可能有的基金经理缺少投资风格的意识，而业绩归因分析在境外是非常普遍的，能够帮助基金经理明确自己的投资风格。美国的很多资产管理公司每年投入大量的资源和财力给基金经理做归因分析，这些分析能告诉基金经理及其持有人其收益的来源和投资风格特征。著名的量化对冲基金AQR对巴菲特、索罗斯等投资大师都做过归因分析。

4）产品特征和基金经理的投资理念相匹配。成为基金经理有一种普遍的职业路径模式：从优秀的研究员"升职"为基金经理，这在境外也不例外。得益于任研究员期间就被放在一个细化风格领域里进行培养，大部分研究员很清楚自己适合管理什么样的产品。让一位价值风格的基金经理去管成长股基金不合适，让一位金融地产研究员去管一个小盘风格基金也不合适，产品特征和基金经理投资理念的匹配极为重要，必须把对的人放在对的位置上。

5）依靠体系而非个人。境外资产管理公司十分重视投研体系，将投资的各个环节进行拆分，并予以优化。通过一个完整的投研体系，最终输出的产品能够保持稳定。"指数基金教父"约翰·博格曾经说过，过去60年美国共同基金真正称得上明星基金经理的只有三个人：林奇，约翰·涅夫，比尔·米勒（以下简称"米勒"）。当然，他说这句话的时候还没有发生2008年金融危机，否则米勒也无法位列其中。通过完整的体系，为基金经理提供好的工具，将人性中的弱点通过体系优化，能大大提高基金产品的风格稳定度。

第4章
选择基金经理：先认识自己的风格

选择适合自己的基金经理在某种程度上如同交朋友，有的朋友可以知心相交一生；有的朋友只能泛泛而谈，难以抵心；有的朋友缘分不够擦面而过；更有的朋友可能因为志向不同背道而驰，希望永不相见。只了解"朋友"有哪些类型显然远远不够，对自己也要有清晰的认识，并在长期的磨合中加深与朋友之间的相互信任，最终获得自己最真心的朋友。

老子说："知人者智，自知者明。"能了解他人很智慧，但能了解自己的人才高明。"认识自己"一直是哲学领域的一个宏大课题，在古希腊德尔斐神庙前铭文中镌刻着的便是"认识你自己"。康德所提出的那些著名的问题，我能知道什么，我应该知道什么，我可以期待什么，也同样指向了"认识自己"的核心。当然，在投资过程中，我们不需要探讨哲学中的课题，也不需要细究自己的每一个特征。在认识基金经理前，只需要梳理影响自身投资的几个关键因素，就能帮助我们更好地认识自己，从而理性投资。

4.1 认清自己的风险承受能力和风险偏好

关于投资者如何认识自己，金融学有一套完整的方法体系。各个金融机构针对个人投资者的风险测评能基本反映这套方法体系，帮助投资者简单快速地认识自己，具体维度包括所处的年龄阶段、家庭财务状况、投资资金的规划、对风险的认识等，落实到最根本的判断是投资者自身的风险承受能力和风险偏好。

风险承受能力，简单来说就是投资亏了多少钱不影响正常生活，超过这个范围就是风险承受能力不匹配。比如，一些投资者为了赚取更多收益，把日常开销外的所有资金都投入风险未知的领域，一旦发生回撤风险，就会影响其正常生活。

风险偏好，简单来说就是一个人对风险的主观喜恶程度，投资年限、投资经历、受教育程度、天生性格等诸多因素都可能影响个人的风险偏好。比如，有的投资者想要承受更大的风险去追求潜在的高收益，有的投资者却不愿承担太多风险，更重视投资的稳定性而不是收益的可能性。

第 4 章 选择基金经理：先认识自己的风格

有过购买银行理财、基金或其他任何投资品的经历，就大概率接受过风险测评。风险测评综合评估投资者的投资目标、财务状况、投资经验和风险偏好等方面，多角度分析投资者对风险的理解和诠释。拆开来看，风险测评对投资者的风险承受能力与风险偏好都做了测试，投资者可以在风险测评结果的基础上顺其脉络认清自己。

4.1.1 认识和初评风险承受能力

根据2017年发布的《证券经营机构投资者适当性管理实施指引（试行）》，可以将普通投资者按其风险承受能力等级由低到高至少划分为五级：C1（保守型）、C2（稳健型）、C3（平衡型）、C4（成长型）、C5（进取型）。

1) C1（保守型）。投资者不愿意接受暂时的投资损失或是极小的资产波动，甚至不愿意接受对投资产品的任何下跌。

2) C2（稳健型）。投资者能够承受少许本金的损失和波动，风险偏好较低，愿意用较小的风险获得确定的收益。

3) C3（平衡型）。投资者可以承担一定程度的风险，为实现资产升值目标愿意承担相当程度的风险。

4) C4（成长型）。投资者往往可以承担相当程度的风险，主要投资目标是实现资产升值，愿意为了获取高收益承担风险，同时可进行一定的资产组合。

5) C5（进取型）。投资者能够承担更大的本金亏损风险，能够接受投资产品价格的剧烈波动，也可以承担这种波动所带来的结果，投资目标主要是取得超额收益。

根据要求，证券经营机构可以将产品或服务风险等级由低至高至少划分为五级，分别为：R1、R2、R3、R4、R5。投资者根据自身风险承受能力评级与产品的风险等级进行匹配：

1）C1 级投资者，匹配 R1 级的产品或服务。

2）C2 级投资者，匹配 R2、R1 级的产品或服务。

3）C3 级投资者，匹配 R3、R2、R1 级的产品或服务。

4）C4 级投资者，匹配 R4、R3、R2、R1 级的产品或服务。

5）C5 级投资者，匹配 R5、R4、R3、R2、R1 级的产品或服务。

一般来说，要购买主动权益基金，投资者的风险承受能力等级需为 C3 级及以上。完成这一步骤后，投资者对自身风险承受能力的认知可能已从一个模糊的概念过渡到一个初步的定性结果。

通过归纳可以得出，风险承受能力的决定因素主要包括主观因素和客观因素两方面，客观因素包括个人及家庭的收支情况、投资经历及经验等，主观因素则由"承受多大的亏损会出现明显焦虑"这样的情境假设问题的答案来体现。依据风险测评的结果及自己的归纳总结，投资者可以对自己的风险承受能力做出进一步判定。

4.1.2 明确自身的风险偏好

大致了解风险承受能力后,再来认识风险偏好。

1. 风险偏好分类

在财富管理领域,一般把投资者的风险偏好分为三类:风险回避、风险中立、风险追求。

1)风险回避。风险回避投资的基本要求是本金不能出现任何形式的亏损。在资本市场,风险和收益总是同时出现,回避风险也就意味着放弃收益。

2)风险中立。风险中立的投资者就是理性投资者,只要某两个选项的期望报酬相等,哪怕它们其中一个的报酬有特别巨大的不确定性,另一个是完全铁定的报酬结果,对风险中立者而言,这两者也没有优劣之分,因为他们的目的就是赚钱。因此,风险中立的投资者可以选择各类产品,关键在于各类产品经过合理的资产配置之后符合其预期收益水平。相对于风险回避和风险追求,对风险偏好并不极端的投资者占据市场的绝大多数。

3)风险追求。风险追求的投资者面对具有相同预期收益价值的投资机会时,偏爱结果不确定的投机,而不在意较稳定但低收益的投资,他们的目的就是赚大钱,愿意花更多的钱仅仅购买一个"概率权"。

2. 确定自己的风险偏好

风险偏好不同的投资者，偏爱的投资产品差异较大，那么投资者应如何确定自己的风险偏好？

在购买投资品前的风险测评中，有一部分题目便是对风险偏好的测试。可以尝试构建以下四种场景分析这类题目是如何反映风险偏好的。

1）老王带着100万元去做生意。由于行业比较成熟，老王有50%的概率赚10万元，有50%的概率亏10万元本金。那么，老王的预期收益就是0，不赚不赔；最大收益为10万元；最大损失为10万元。

2）老张觉得做生意来钱慢，于是选择炒股。他曾在投资机构任职，深谙分析和把握政策之道，并且投资比较稳健，从不满仓。因此，老张带着100万元去炒股，有70%概率赚50万元，有30%概率亏20万元。那么，老张的预期收益是29万元，最大收益为50万元，最大损失为20万元。

3）老张的儿子小张看到自己老爸炒股这么厉害，也来凑热闹。小张不会分析，只靠运气，经常满仓某只股票，手法非常激进，运气好就疯涨，运气不好就全亏。小张也用100万元炒股，还不满意，又借了200万元做杠杆。小张有20%概率赚600万元，有80%概率亏300万元。那么，小张的

第 4 章 选择基金经理：先认识自己的风格

预期收益为 –120 万元，最大收益为 600 万元，最大损失为 300 万元。

4）老张的同学老李看到老张稳稳赚钱，于是找到老张说："我把钱借给你，你去投资，每年给我 3% 利息（假设通货膨胀为 0）。如果你炒股亏钱了，就强制平仓，保证我的钱不亏掉就行。"于是，老李投给老张 100 万元。那么，老李的预期收益为 3 万元，最大收益为 3 万元，最大损失为 0。

对于以上四种投资情形，你倾向于选择哪一种？

先来拆解以下以上四种投资情形的收益和亏损概率：

从预期收益来看：2）＞ 4）＞ 1）＞ 3）

从最大收益来看：3）＞ 2）＞ 1）＞ 4）

从最大损失来看：4）＞ 1）＞ 2）＞ 3）

倾向于选择 2）的投资者，注重的是预期收益水平，可能是风险中立型投资者。

倾向于选择 3）的投资者，即使是冒着较大的亏损风险，也更想博取高收益，可能是风险偏好较大的风险追求型投资者。

倾向于选择 4）的投资者，更看重的是本金的安全，即使最大收益远不及其他选择，但是最大损失是 0，更符合其偏好，可能是风险偏好较小的风险回避型投资者。

4.1.3 看待风险承受能力和风险偏好的原则

从以上分析可以看出，风险承受能力是偏客观的，反映的是投资亏了多少钱能够不影响正常的生活；而风险偏好是偏主观的，反映的是投资中对于风险的主观好恶。如此一来，在实际投资中的风险承受能力和风险偏好便可能会出现相悖的情况。比如，风险承受能力低却眼红高收益，想要追求高风险；又如，风险承受能力很高，却厌恶风险。

对此，有一条总体原则，那就是投资者应该以风险承受能力为底线，在此之上根据风险偏好选择适合自己的金融产品。比如，风险承受能力低的投资者，无论风险偏好如何，都应该选择安全性更高的产品进行投资；而风险承受能力高的投资者，可以因为风险偏好较高而投资股票、期货等高风险产品，也可以因为风险偏好较低而仅投资银行理财等低风险产品。

可能有人会疑惑，低风险产品潜在收益也低，对于那些风险承受能力高的人，这样操作是不是有浪费之嫌。我们认为，所有投资，只有时刻保持理性、坚守投资纪律，才能获得相应的收益。投资本身已经反人性，叠加投资者的风险偏好低于产品本身风险特征，时时提心吊胆，天天违背本心，不但没有办法长期坚持，也难以赚到高风险产品应该有的高收益，反而得不偿失。

1. 对投资风格的进一步认知细化

经过初步的风险承受能力评定及风险偏好认知后，投资者便可对号入座选择相匹配的产品了。但是在实践中，"不匹

第 4 章　选择基金经理：先认识自己的风格

配""不合适"的情况依然大量存在。这又是为何？

主要原因是当前基金产品风险等级的划分仍主要以资产配置比例为依据，相同基金类型往往对应着相同风险等级，尚未细化到不同风格。但事实上，即便是同为偏股型基金且为同样的风险评级，在极致的风格取向下，不同基金的表现差异甚至堪比不同资产类型。

第 2 章分析比较了不同投资风格的风险收益特征。总体来说，小盘和成长风格相对而言是更为积极进取的投资风格，大盘、价值风格则更为稳健。不同风格间的表现差异充分体现了"高风险、高收益""低风险、低回报"的规律，但风险和收益间的对应关系是一种统计意义上的规律，并非绝对的收益承诺，一旦选择了高波动的投资风格，潜在的损失都是可能真实发生的。

举例来说，将景顺长城策略精选、景顺长城能源基建两只基金的历史业绩走势叠加比较，可以直观地感受到不同风格基金间的巨大特征差异。虽然两者的产品风险评级均为 R3（中风险），但一只为典型的成长风格基金，另一只为价值风格，两只基金风险收益特征的差异堪比不同类型的资产。

如图 4-1 所示，截至 2023 年 6 月 30 日，成长风格的景顺长城策略精选三年净值增长率 80.40%，但期间波动也不可小觑，五年内曾经历 8 个月内回撤幅度达到 −36.24%；价值风格的景顺长城能源基建近三年的净值增长率为 51.63%，期间多数时间保持较低的波动率，最大回撤 –8.91%。

图 4-1　景顺长城策略精选、景顺长城能源基建两只基金历史业绩走势

资料来源：景顺长城基金，Wind

（时间区间：2020-06-30—2023-06-30）

能源基建与策略精选基金同期业绩基准收益率分别为 –3.05%、3.56%。能源基建基金 2018—2022 年的年度最大回撤分别为：–18.44%、–4.03%、–9.05%、–5.13%，成立以来最大回撤为 –34.91%，2014 年 6 月 27 日管理以来最大回撤为 –28.11%。策略精选基金 2018—2022 年的年度最大回撤分别为：–24.27%、–13.68%、–23.28%、–15.90%、–21.30%，管理以来及成立以来最大回撤 –36.48%（以上业绩、基准来源于基金定期报告，回撤、波动率来源于 Wind，均截至 2023-06-30）。

由此来看，对于主动权益基金的投资，除了依据不同的风险承受能力选择对应风险评级的产品，仍需考虑产品的投资风格，以综合判断产品是否适合自己。

2.实践中的动态修正

由于认知与实践的差异，经过以上环节后，投资者仍需根据投资实践动态调整对自身风险承受能力与风险偏好的认知。

本章开头指出，风险承受能力是指投资亏多少钱而不影响正常生活，超过这个范围就是风险承受能力不匹配。通常来说，我们对于"不影响正常生活"的理解是偏财务层面的，尚未真正触及财务层面的承受能力的底线，基金产品的亏损可能已率先冲破投资者心理层面的承受阈值，进而从心理层面影响投资者的正常生活。

而心理层面的感受可能会在经历更多的市场环境后发生变化。很多时候，投资者因为对风险的理解不足，虽然预测了负面情况的发生，但是结果显示预测的程度往往还不够坏，在真正遭遇下跌后才发现这样幅度的损失是自己"不能承受之重"，进而造成亏损离场的结局。比如，2018年单边下跌所带来的阵痛，很快就被2019年及2020年的"核心资产行情"抚平。在火热赚钱效应的吸引下，大量投资者涌入市场，却再一次陷入其中。以2021年2月18日为分界点，之前投资者可能更害怕的是"错失机会的风险"，而低估了"亏损的风险"。而在那之后，火热一时的"核心资产行情"急速遇冷，并开启漫长调整。

总结来说，在投资的语境中，认识自己并不是一件一劳永逸的事，需要根据实践的结果动态认知。在热闹或者冷清的市场中保持清醒的头脑，在自己投资收益的波动中感受自己面对浮亏和浮盈时的心态，依据自身的真实情况，对自己的风险承受能力评定进行修正。

4.2 摸清自己的投资"性格"

认清自己的风险承受能力与风险偏好，是投资者选择到合适的基金产品的基础，从某种程度来说，也是投资者适当性规则约束下的底线。显然，仅仅依靠风险的匹配是无法选择到合适的基金产品的，还需要思考投资理念与投资"性格"等进阶特性的匹配。

首先是在投资理念层面。基金经理选择投资一家企业，会仔细考察企业管理层经营理念、企业家精神是否符合自己的价值判断。类似地，基金投资者将钱投资于一只基金，也意味着将钱交给基金经理打理决策，对基金经理风格的选择同样需要达到投资理念和价值观的匹配。

比如，一名投资者在生活消费中比较注重性价比，想要看到确定的抓手而不是缥缈的想象空间，那么价值风格基金经理可能是更优选择。相对应的，若是一名投资者对新兴技术领域兴趣浓厚，坚信技术革新能创造巨大财富，那么成长风格基金经理或许更适合。

再从与市场的关系角度而言，价值投资的核心在于寻找当前价格低于内在价值的股票，其建立在市场的错误定价之上，因而天然带有逆向投资的基因。价值回归的过程有时是漫长的，所以该风格也常常伴随着低换手率。这说明，一名成功的价值投资者需要具备敢于逆市场而行、耐得住寂寞的特质。成长风格投资则不相同，它需要投资者以灵活的姿态及时地顺应市场趋势，并不断适应新的热点。

类似地，大小盘风格同样包含着截然不同的投资哲学和内涵。选择大盘风格意味着坚信龙头企业护城河效应能够为股东持续创造价值，投资小盘风格则是希望通过找到潜在黑马，分享其潜力与成长。大盘风格是A股基金主流投资风格，更像是一种中规中矩的选择，小盘风格则带有一丝独立小众的意味。投资风格与内涵特质总结见表4-1。

表4-1 投资风格与内涵特质

投资风格	投资者偏好及特质
价值	注重安全边际，偏好行业发展格局稳定，企业盈利可预测 逆向投资、长期主义
成长	专注新兴技术领域，富有想象力，热爱创新 积极、顺应市场

认识基金经理的投资风格

（续）

投资风格	投资者偏好及特质
大盘	相信护城河效应，已建立经营优势的龙头企业持续创造价值 主流
小盘	热衷挖掘黑马、潜力企业 独立

这些投资"性格"方面的特性，如果与投资者"不合"，虽然通常不会像风险承受力不匹配那样产生难以承受的后果，但会在很大程度上影响投资者的持有体验，简单来说就是"性格不合"的基金可能拿不住。从理念和价值观出发，找到与自己内心契合的风格，更能安心地坚持长期投资。

当然，也许会有投资者觉得，即使了解了这些风格的不同，还是无法决定做何选择。在这种情况下，平衡或分散是解决问题的"良药"。平衡指的是可以选择风格偏好并不那么显著的基金经理，分散则是指可以通过将资金分散投资于不同风格的基金经理，以达到一种整体上的平衡状态。无论是平衡还是分散，都是想帮助投资者即使对资本市场没有那么深刻的认知，也能够在不同的风格行情下，大概率共享市场上涨的红利。

此外，在投资需求、交易习惯等投资性格方面，不同投资者也展现出差异化的需求。

第 4 章 选择基金经理：先认识自己的风格

举例而言，不同投资者对基金投资中个人主观能动性的发挥需求不同。部分投资者具有多年投资经验，对市场有自己独到的判断和见解，在基金投资的过程中对于自己偏好的投资方向十分明确，他们需要投资主题特征鲜明、稳定而易于识别的基金经理帮助自己实现特定主题的高效率投资。当然也有更多的投资者对股票投资没有那么深入的研究，对于每个阶段适合配置什么类型的股票没有太多想法，投资结果是他们更为关注的，所以能够在全市场范围内选股、擅长灵活调整持仓的基金经理是更适合他们的选择。

又如一些投资者一旦选定投资某基金，就会选择长期坚持，对于短暂的业绩落后容忍度较高，那么历史上表现优异的长跑选手型基金经理可以成为他们投资之路的良好伙伴。一些投资者在基金投资中是个急性子，短暂的业绩落后或亏损常常让他们焦虑不安，急切地想要改变持仓，那么风格更加灵活的基金经理有更大概率能陪伴他们渡过难关。

在投资"性格"上，基金经理扮演着与投资者"互补"或"相似"的角色，"互补"的能力圈帮助投资者更好地实现投资目标，对产品保持"相似"的关注点则使得产品特性与投资者个人特质更好地匹配。

投资小故事

"挑选"基民的基金经理

在基金投资领域,我们常说的是基民如何选择基金经理,事实上基金经理对他的持有人也有一些"期待"。比如,景顺长城基金鲍无可曾在定期报告中说:"就像一家保持自己风格的餐厅会吸引固定的食客一样,我们也会坚持自己的理念,也希望能够吸引具有相同理念的持有人。"

道理很简单,一家知名的川湘菜馆子的回头客大概率是比较爱吃辣的,很少出现因为菜太辣而抱怨口味给差评的情况。基金经理用一贯坚持的投资理念所打造的基金产品,会呈现出相对稳定的风险收益特征,带给投资者较为一致的持基体验。可能会有投资者因短期业绩慕名而来,但是长期下来,产品延续的特性会从客观上完成对基民的"挑选"。

鲍无可是一名典型的价值投资者,其投资理念强调安全边际,倾向于挑选高壁垒与估值合理的公司。他愿意在那些短期市场热点前保持十足的冷静,也愿意为那些绝佳的投资时刻付诸耐心的等待。从客观上说,这样坚守纪律的投资让他在2019年、2020年这样的行情里错过了一些机会，从而带来了短期的业绩压力。对于理念不匹配的持有人来说，这样"墨迹"的业绩表现是难以让他们承受的。许多持有人会在这样的逆风阶段弃之而去，而理念相同的持有人选择陪伴下去，看到"细水长流"的业绩表现，一轮"持有人的筛选"就此完成。

反过来说，对于基民而言，漫长的持基道路中难免遭遇波折，而投资理念、价值观、投资性格等方面是否相吻合，便成为能否长期走下去的关键。

4.3 投资风格的匹配有助于进行长期投资

中国A股市场波动巨大，牛短熊长，基金经理依靠自身的专业素养和分散化投资，努力为基金投资人规避非系统性风险、获取超额收益，然而资本市场的系统风险仍然影响绝大部分基金表现。不过，历史数据显示，拉长持有期能有效帮助投资者平滑收益波动，增大获得满意回报的概率。以普通股票型基金为例，持有不同时长的年化收益情况见表4-2。

认识基金经理的投资风格

表 4-2　普通股票型基金持有不同时长的年化收益情况

持有时长	时间区间	均值（%）	正收益概率（%）
持有 3 年	2020—2022 年	12.18	92.55
	2019—2021 年	39.30	100.00
	2018—2020 年	22.48	99.58
	2017—2019 年	8.75	83.87
持有 1 年	2022 年全年	−20.45	2.26
	2021 年全年	10.69	65.51
	2020 年全年	61.81	99.69
	2019 年全年	48.48	100.00
	2018 年全年	−24.63	0.42
	2017 年全年	16.28	84.41

注：1. 数据来源于 Wind、上海证券基金评价研究中心。
　　2. 时间区间：2017-01-01—2022-12-31。

事实上，《2022 年公募基金投资者盈利洞察报告》显示，统计样本中有 27% 的客户持仓时长不到 3 个月，42% 的客户持仓时长都在半年以内。

为什么大量投资者在短期内就卖出自己的基金？有很大一部分原因在于市场的剧烈波动。近几年市场大幅震荡，风格快速轮动，在一定时期风头无两的基金，在下一阶段又骤然失色。那么，理解基金经理投资风格的重要性便体现出来。各种投资风格都有其占优势与不占优势的市场环境，充分理解基金经理的投资风格，能够帮助投资者更好地分析基金业

第 4 章　选择基金经理：先认识自己的风格

绩好坏的原因是什么。当业绩出现波动时，判断是基金经理的能力问题还是风格问题、基金经理是否能够坚持风格而不随波逐流。在做出以上判断的基础上，再进一步做出是去还是留的选择。

第5章
选择基金经理：路径和机构的经验

在投资者充分认清自己并对什么样的基金经理投资风格适合自己有了初步认知后，本章从实操层面出发，详细阐述可以通过哪些信息渠道、哪些维度认识基金经理。

《论语》中说："始吾于人也，听其言而信其行；今吾于人也，听其言而观其行。"认识一个人，不仅要听他的言论，还要看他的行为。认识基金经理也是如此，不仅要听他们的投资框架和理念，更要看他们具体的投资操作，以及操作的具体效果。

投资者可以通过丰富的信息渠道"听其言"，比如基金定期报告的市场回顾与展望，基金评价及评级，直播、路演、访谈，以及与投资者的交流等。

投资者还可以通过基金经理所管理产品的持仓情况"观

第 5 章 选择基金经理：路径和机构的经验

其行"，基金经理的具体投资操作体现在其持仓之中，操作的成功与否则凝结在产品的业绩表现之中。相对于"听其言"来说，"观其行"的门槛更高，需要具备一定的知识基础。因此，分析和看待基金经理持仓和业绩是认识基金经理中的大学问，也是本章介绍的重点。

总体而言，在分析持仓情况时，可以自上而下地对大类资产配置、行业、个股的配置风格依次进行分析，可以从择时和选股角度切入，分析其能力及成功率，也可以从换手率、集中度等指标的分析中见微知著。分析业绩时，应时刻谨记风险与收益相伴，关注风格与业绩间密不可分的关联。

认识基金经理的信息来源与认知维度如图 5-1 所示。

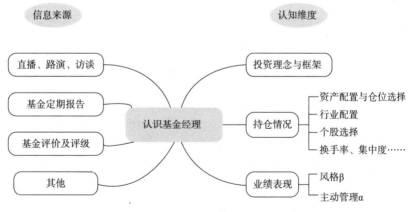

图 5-1 认识基金经理的信息来源与认知维度

5.1 认识基金经理的途径

5.1.1 直播、路演、访谈

近年来,直播、路演等模式大大拉近了投资者与基金经理的距离,也为广大投资者提供了与基金经理直接交流的机会。在这一过程中,基金经理往往会对自己的学习、投资经历、投资方法论等进行体系化的介绍,这是投资者对基金经理形成快速认知的重要途径。不同风格基金经理的话语中有许多典型的常用词汇,总结见表 5-1。

表 5-1　不同投资风格基金经理的常用词汇

风格	投资理念关键词
成长	企业生命力、早中期、成长空间、景气度
价值	安全边际、壁垒、低估值、现金流、ROE
平衡	均衡配置、分散、全市场选股、不押注

当然,高频词汇与投资风格之间的联系并不是绝对的,还需深入基金经理的讲述中判断他们的风格。举例如下。

"我是典型的价值投资风格",景顺长城基金基金经理鲍无可在访谈中这样概括自己的投资风格，其核心要点是以足够便宜的价格买入好的公司份额。当被问及"好公司"及"便宜"常常难以兼顾的难题时，鲍无可表示，市场常常会错误定价，许多人会以便宜的价格卖出股票，A股出现这种机会的时候并不少，市场总会出现这种"捡便宜货"的时候。同样，市场也会把一些股票的价格推到非常高的位置，而这个时候他会选择卖出。从许多价值风格基金经理的投资理念阐述中，可以发现这种逆向思维常常贯穿其投资的始终。

有着物理学专业学术背景的景顺长城基金基金经理董晗，对于先进制造业有着特殊的兴趣和偏好，这是从许多直播和访谈中都可以轻易获取的讯息。而这也深刻影响了董晗的投资能力圈，帮助其牢牢把握住了新能源、半导体等硬科技领域的投资机遇。"寻找有核心竞争力、能够提升社会生产力、成长空间比较大的公司，享受其长期的成长"，这是董晗对自己投资理念的概括。

5.1.2 基金定期报告

基金定期报告是认识基金经理最为翔实、最为标准化的资料来源之一，所有基金都必须定期按时披露，且披露的内容受到严格规范。根据中国证券监督管理委员会（以下简称"证监会"）颁布的《公开募集证券投资基金信息披露管理办法》，须定期编制并公布包括年报、中报、季报在内的基金报告，对基金相关信息进行披露。

时效方面，根据规定，年报应在每年结束之日起的三个月内完成编制，中报应在上半年结束之日起的两个月内完成编制，季报应在季度结束之日起的十五个工作日内完成编制。季报的披露频率相对较高，披露也更为及时，但信息相对有限，年报和中报的披露则更为翔实、全面。基金定期报告披露信息见表 5-2。投资者可以在规定的网站、与基金相关的第三方平台找到这些定期报告。

表 5-2 基金定期报告披露信息

	季报	中报	年报
披露频次	4 次 / 年	1 次 / 年	1 次 / 年
报告期节点	3 月 31 日、6 月 30 日、9 月 30 日、12 月 31 日	6 月 30 日	12 月 31 日
披露时间点	季末 15 个工作日内	8 月末前	次年 3 月末前
股票持仓披露完整度	前十大	全部	全部

基金定期报告的信息繁多，值得关注的重点信息散落于各处，其中有一些还需要进一步加工。作为普通投资者，面对动辄数十页的定期报告，当然不必面面俱到地仔细分析，只需要重点关注以下信息即可。

1. 投资组合报告

投资组合报告无疑是定期报告中最受关注的部分之一。

无论是季报,还是中报、年报,都会对基金持有的各类资产规模和占比进行披露,投资者可以从中了解基金的股票仓位水平。此外,持有股票的基金季报会披露在季末时点占基金净值前十名的重仓股明细及全部股票持仓的行业分布情况,中报和年报会进一步披露基金在报告期末持有的全部股票明细,以及期间买入或卖出金额超出期初基金资产净值2%或前20名的股票明细。值得注意的是,基金定期报告中的行业分类采用的是证监会行业分类标准,在分类精度上与投资者平时接触更多的申万行业分类有一定差距。在这一分类体系下,多数股票被划分到"制造业"中,所呈现的信息量有限。平时在基金分析中所看到的更为精细的行业分类,如申万行业分类,均是根据具体的股票持仓信息对行业分类进行二次加工后的结果。

基金投资组合报告是分析基金经理投资风格及选股思路的重要依据,可以通过前十大重仓股的持股集中度分析基金经理投资的分散度,本书的后续章节中会对此进行详细阐述。

2. 投资策略和运作分析

在"报告期内基金投资策略和运作分析"这一部分中,基金经理一般会对基金在过去一报告期内的投资情况进行回顾,并阐述对未来的市场展望和投资计划。虽然这部分内容是基金定期报告中的固定栏目,但不同基金经理叙述的翔实程度和角度各不相同，能从中获取的信息含量相差较大。投资者可以通过此部分获取的讯息包括：基金经理对近期宏观经济运行状况的分析，对政策的理解与预判，对特定行业发展趋势的判断，对市场交易结构的理解，对自身投资框架的反思及进化，对基金策略定位的阐述，甚至是基金经理与基金投资者的直接对话与沟通。同样，相较于季报，中报与年报中包含的内容更丰富。对于乐于通过基金定期报告向投资者展示思考维度及投资理念的基金经理，其投资风格会在这里展露无遗。

投资小故事

一季一度"作文大赛"

随着近些年基金的出圈，基民对基金经理的关注度也开始提升。季报作为基民了解基金运作情况与基金经理的重要桥梁，也开始越发受到基金经理重视。我们看到，越来越多的基金经理通过季报将其投资理念、市场分析与展望等内容详细地传递给投资者。

2020年三季报，景顺长城基金基金经理杨锐文四千字的季报分析在网络意外走红，随后的几次季报也动辄洋洋洒洒五六千字，有网友套用明朝大才子徐渭的字"文

第 5 章　选择基金经理：路径和机构的经验

长"称他为"杨文长"。2020年四季报，银华基金基金经理焦巍在季报中的金句"我们的投资从不过山海关到退守长江南，目前则基本限于南宋的地盘"也引发广泛讨论。这之后，每年的季报披露期，媒体和网友们就开始蹲守潜在的季报热点，比如杨锐文又写了多少字，焦巍的投资版图有没有扩展……

杨锐文曾这样解释："我们的三季报在网上意外走红，始料不及。其实本意是持有人越来越多，我们认为有必要和广大投资者详细介绍一下我们的投资方法论。"从基金经理的出发点来看，季报中的分析和展望能够帮助其持有人了解他们，从而更好地投资基金。投资者可以通过基金经理的讲述判断其投资理念和方法及反映的投资风格是否符合自己的认知。

比如，景顺长城基金基金经理董晗在其管理的景顺长城景气成长基金2023年中期报告中说，符合产业发展方向，具备核心竞争力和成长空间是选择企业的主要依据，也是本产品对成长的定义。建立全产业链跟踪体系，看清细分行业本质，仔细研判景气度在产业链上中下游的传导，寻找景气上行周期的环节是本产品对景气的定义。从景气度、行业成长空间和业绩增速与估值匹配度三个角度选择，对之前一直配置的几个成长行业进行了一定调整。可以看到，董晗的关注点是企业未来的前景和空间，具有明确成长风格的倾向。

再如，大成基金基金经理徐彦在其管理某基金的2023年中期报告中的表达具有较强的思辨色彩。他说，基金持有人对专业投资人的期望是"理性"决策，绝非"本能"反应；这很合理，反映了本能和理性之间的清晰秩序：本能在一边，让人与动物为伍；理性在另一边，是现代文明之光。

价值投资是一座山，它根植于这片大地。在这片大地上，有蜿蜒的大河，亿万年来滔滔不绝奔腾入海；有绵延的长城，千百年来默默注视着它的内外；还有那一片片平原，古时便有白鹿游弋，仿佛白鹿原。在投资的路上，我走得不远，就发现既要攀登那高耸的山峰，又要扎根于这广阔的大地。但那山太高，越攀登越远离这片大地；这大地太广，越扎根越难去攀登那座山峰。这让我迷茫。大地和山峰都是如此古老的存在，也许能同时对应它们的只有人作为生命的这种存在。

3.其他

从定期报告中的一些其他指标和数据中，同样可以挖掘出有关基金经理投资风格的信息。

比如，可以关注基金份额及规模的变化情况，因基金规模过大或快速增长都会对基金经理的管理提出更高要求，也会对风格产生影响，所以随着规模增长至一定程度，小盘风格的适用性将逐渐下降。

再如，根据在中报、年报中披露的"买入股票成本总额"和"卖出股票收入总额"，以及基金总的持股市值，还能估计基金持仓的换手率情况。通过基金买卖股票的交易额，与持仓股票总市值相除，得到的数值越大，则意味着基金换手率越高，换言之，基金对于单只股票的平均持仓时间较短，交易相对更为频繁。一般来说，价值风格基金经理的换手率低于成长风格基金经理。

5.1.3 基金评价及评级

认识基金经理其实是一项十分考验专业知识背景的任务，那么是否可以借助专业的机构完成这项工作呢？这样的专业机构确实存在，那就是基金评价机构。

在我国，基金评价及评级业务受中国证监会及其派出机构监督管理，以及中国证券投资基金业协会自律管理。从事基金评价业务，须经由中国证券投资基金业协会备案并核准，中国证券投资基金业协会通过其网站公告具备会员资格的基金评价机构名单。当前，可从事基金评价业务的机构共有七家，包括晨星资讯、天相投顾、济安金信三家基金研究机构，以及上海证券、银河证券、招商证券、海通证券四家券商的基金研究部门。此外，中国证券报、上海证券报、证券时报

认识基金经理的投资风格

三大官媒可以从事基金评奖业务，对应的奖项分别为金牛奖、金基金奖和明星基金奖。

基金评级的主要流程是通过能反映基金风险收益特征的指标体系或评级模型对基金定期公布的数据进行分析，并将结果予以等级评价，通常的做法包括：对基金进行分类，建立评级模型，计算评级数据，划分评价等级，发布评价结果等。

在严格的监管和大量数据验证的基础上，总体来说，各家基金评价机构均形成了较为完善、系统的理论基础和标准化的评价方法，且保持了评价标准的相对稳定，以保证评级结果相对公正客观。

对于投资者来说，由于不同机构有其独有的评价体系，评价结果有时不一致，可抱着兼听则明的态度，综合参考多家机构的评价结果。除了整体的评价结果，投资者还能通过其他单一指标评价，对基金经理能力和风格形成更丰富的理解。

专业基金评价机构在评价过程中所体现的方法和理念，对于投资者如何更好地认识基金经理有一定启示。比如，基金评级多以三年、五年为评价区间，这启示投资者在了解评价基金经理时，需要拉长观察期，坚持长期视角；又如，基金评价将基金分类视为重要的先决条件，这启示投资者在比较基金经理时，相似风格的基金经理间才具有可比性；再如，在评价方法中多注重对"能力"的刻画，指标计算中普遍运用风险调整手段，这启示投资者在评价基金经理时，需要综合考虑收益性与波动性。

需要注意的是，基金评价也有其自身的局限性。比如，基金评级是基于基金的历史表现，尽管各家评级机构都试图通过风险调整、加入稳定性指标等手段来最小化将运气视为能力的风险，但未来总是充满不确定性。在选择投资的产品或分析基金经理时，若是简单地选择高评级或获奖的基金经理或基金产品则无异于刻舟求剑。基金的评价及评级结果仅仅是帮助投资者判断产品特征和基金经理能力的一项参考指标，投资者在进行投资决策时还需综合考虑众多其他因素。

5.2 如何通过持仓了解基金经理投资风格

相较于基金产品资料或基金经理所"说"的投资风格，基金的历史持仓信息反映的是基金具体是怎么"做"的，能够为投资者判断基金经理风格提供更为可靠的依据。

5.2.1 资产配置与仓位选择

依据信息披露规则，基金会对每季度末所持有的各类资产的金额与占比进行披露，见基金季报、中报、年报中的"投资组合报告"，见表5-3。对于多数基金来说，以股票为代表的权益投资、以债券为代表的固定收益投资、以银行存款为代表的现金资产是最主要的三类资产。在本书重点探讨的主动权益类基金中,股票无疑是最重要的一类资产,但其他资产在基金组合中同样发挥着其特殊作用。

表 5-3 基金定期报告中披露资产组合情况的资产类型

序号	项目
1	权益投资
	其中:股票
2	基金投资
3	固定收益投资
	其中:债券
	资产支持证券
4	贵金属投资
5	金融衍生品投资
6	买入返售金融资产
	其中:买断式回购的买入返售金融资产
7	银行存款和结算备付金合计
8	其他资产
9	合计

注:数据来源于基金季报、上海证券基金评价研究中心。

首先,基金的资产配置分配比例受基金类型、基金合同的约束,如股票型基金要求股票投资占基金资产比例至少为80%,混合型基金的配置则相对更为灵活。由图 5-2 可见,在基金合同的约束下,全市场普通股票型基金的平均股票仓位显著高于混合型基金。在混合型基金中偏股混合型基金、偏债混合型基金、灵活配置型基金受到的仓位约束也各不相同，呈现不同的仓位分布特征。

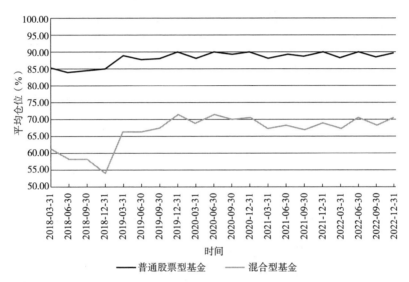

图 5-2　普通股票型基金、混合型基金股票平均仓位变动趋势

资料来源：Wind，上海证券基金评价研究中心

（时间区间：2018-03-31—2022-12-31）

即便是同一基金经理管理的不同产品，也可能由于产品类型的差异有不同的配置风格。总体来看，需要结合基金类型、基金合同中"投资组合比例限制"部分的描述，以及基金过往在实际运作中的资产配置情况，判断基金经理的大类资产配置风格。

在明确不同类型基金的仓位限制及特点后，通过基金在每季度末各大类资产的分配比例情况，可以推断基金经理的风险偏好和择时风格。

认识基金经理的投资风格

权益投资比例的高低直观反映基金经理的风险偏好。股票资产占比越高，说明基金经理风险偏好越高，基金预期收益水平和波动水平也越高。

权益投资比例的变动规律则反映基金经理的择时风格。比如，若基金股票仓位长期保持高位，则说明基金经理较少主动择时。这样的基金与市场共进退，在市场机会来临时能够保证涨幅尽量跟上大部队，在市场下跌时也难以避免遭遇回撤。

若基金股票仓位呈现明显的波动特征，则说明基金经理会根据对市场的判断适度择时，在未看到明显机会时会适当降低股票仓位。这样风格的基金经理有时可以帮助投资者减少下跌损失，同时亦有可能错过部分上涨机会。基金经理的择时风格也可进一步地划分为"左侧"和"右侧"。所谓"左侧"，即以一种预判的姿态，提前做出操作，在认为市场即将上涨前增加仓位，在市场涨幅累积、风险逐渐积聚时提早降低仓位。所谓"右侧"，则代表一种积极事后应对模式，当市场呈现出明显的下跌趋势时，降低仓位以应对进一步下跌的可能，市场进入上涨阶段时拥抱趋势，提升仓位。

图 5-3 所示的几种股票仓位的变动模式代表几种典型的配置风格，当然在现实中，如图中基金 6 那样幅度的仓位波动的基金较为少见，股票仓位在一定范围内小幅波动是更为常见的情况。

第 5 章　选择基金经理：路径和机构的经验

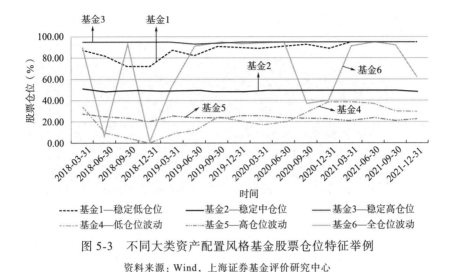

图 5-3　不同大类资产配置风格基金股票仓位特征举例
资料来源：Wind，上海证券基金评价研究中心

　　在权益仓位之外，债券资产及现金类资产配置也具有一定分析价值。在混合型基金产品中，基金经理可能会通过配置一定比例的债券资产起到仓位调节和安全垫的作用，在一定程度上平滑基金收益。相对来说，现金资产的流动性更佳，若基金将除股票以外的资产多数投向现金类资产，则说明基金流动性有更高的需求。这从侧面体现出基金在运作中交易性质较强，可能源自高频率的仓位调整抑或较高的持仓换手率。可以看到，普遍较高换手的量化策略基金，如图 5-4 所示，景顺长城量化小盘基金除了长期维持较高比例的股票仓位，其余资产几乎均为以银行存款为代表的现金类资产。

认识基金经理的投资风格

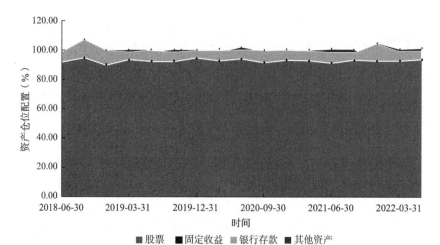

图 5-4　景顺长城量化小盘大类资产配置情况
资料来源：上海证券基金评价研究中心，聚源

5.2.2　基金十大重仓股

重仓持股情况是研究投资风格最重要的信息来源之一。通过基金季报，可以了解基金持有金额最大的十只股票分别是什么，以及分别持有多少，据此可以挖掘出许多有关基金经理风格的讯息。

第 2 章详细介绍了如何从基金持仓的市值规模风格维度及价值成长风格维度定义与划分投资风格。投资者可以参照这部分内容，结合基金经理的介绍资料对基金经理的投资风格进行划分。当然，对于基金经理投资风格的了解不应止步于那九个投资风格的维度，投资者还可以通过基金重仓股来获取投资风格相关的更多信息。

第 5 章　选择基金经理：路径和机构的经验

1. 重仓股的具体投向

通过重仓股的具体投向，可以推断基金经理更看好什么方向。若较多比例的重仓股投向某一行业或某一投资主题，则说明基金经理较为看好这一领域的投资机会。若观察基金多期重仓股投向均是如此，则说明基金经理对该领域是长期看好，且对相关行业和公司的研究较为深入。若这一判断恰好和投资者心中所想一致，则说明这只基金和投资者的适配度较高。由于重仓股披露具有一定的滞后性和非完整性，为了验证此刻基金是否仍然符合投资者的偏好，可以结合基金近期的净值波动特点辅助判断：当基金每日的净值波动和某一主题或行业当天的涨跌情况高度联动时，则说明判断大概率正确且仍然有效。

并非所有基金在行业、主题上都有明显偏好。若重仓持股情况并未显现出对某一领域的明显的偏好，则说明基金经理大概率采用的是一种更"自下而上"的投资风格，即以一种更为微观的视角，从公司个体层面的研究出发，判断其是否值得投资。对于自身并不确定此时投什么更好的投资者而言，这样的基金不失为一种好的选择。

2. 前十大重仓股占基金净值的总持有比例

通过前十大重仓股占基金净值的总持有比例，可以判断

认识基金经理的投资风格

基金经理的持股风格是集中还是分散。不同基金的持股集中度差异巨大，前十大重仓股合计占基金净值的比例最低不足10%，最高可达到近90%。一般来说，持股集中度越高，基金受个股波动的影响越大，基金净值更容易出现较大波动。基金持股集中度高，也说明基金经理对所持有的股票坚定看好。但不同于个人炒股，即使再看好，基金持有个别股票的比例也不能过高。根据《公开募集证券投资基金运作管理办法》的规定，单只基金持有同一家公司发行的证券市值不能超过基金资产净值的10%，这一规定有效规避了因个别证券价格剧烈波动给投资者带来过大损失的风险。前十大重仓股合计持仓占比越小，说明基金持股越分散，这样的基金一般来说波动水平会低于同类风格中持股集中的基金。一些持股集中度非常低的基金，如前十大重仓股合计持有比例仅在10%上下的基金，其合计持股数量往往在百只甚至数百只，这样的持股数量级超出了人脑所能密切跟踪的极限，多是借助计算机、数学模型等进行选股及交易的量化策略基金，基金经理多是量化派基金经理。

总体来说，前十大重仓股合计持有比例是衡量基金持股集中度的重要指标，也从一定角度反映了基金经理的风格。基金持股集中度越高，基金业绩受基金经理主观判断的影响越大，重仓股票能较大程度反映基金经理的偏好，反映基金经理在投资决策上相对激进；基金持股越分散，个别股票的

第 5 章　选择基金经理：路径和机构的经验

波动对基金的影响越小，这样的基金仅仅关注其重仓股票，对判断基金整体风格的参考性较为有限，反映基金经理注重分散的投资理念。

持股集中度与大小盘风格也有一定关联，一般来说，小盘风格基金重仓股集中度总体要低于大盘风格。重要原因之一在于，基金持有单一股票的市值受制于股票流通市值、成交量等因素，对于达到一定规模的小盘风格基金，为了避免基金交易对小盘股的价格造成较大影响，持仓比例一般保持在较低位。以刘彦春管理的景顺长城新兴成长混合和丘栋荣管理的代表基金 A 为例，两只基金分别为典型的大盘风格基金、小盘风格基金。2023 年中期报告显示，景顺长城新兴成长混合前十大重仓股占基金资产净值的合计比例达到了近 75.58%，而中庚基金小盘价值的前十大重仓股占基金资产净值的合计比例仅 39.24%（以上提及基金产品，仅供举例分析，不代表产品推荐及投资建议，投资需谨慎）。

3. 重仓股的更新频率

通过重仓股的更新频率，可以推断出基金的大致持股周期，基金经理是更愿意做长线投资还是更热衷于轮动。若基金重仓股在较长时间内保持相对稳定，仅少数有所变化，则说明基金经理在投资决策中更注重偏长期的因素，对于认可的投资标的，愿意花较长时间来等待兑现。投资于这样风格

认识基金经理的投资风格

的基金经理，基金投资者也需要报以耐心，对短期业绩波动报以更高的容忍度，以更长期的持有周期，等待基金经理研究价值的兑现，共享优质标的成长带来的超额收益。若基金重仓股变动较为频繁，则说明基金经理对于影响股价的中短期的变化因素更为敏感，对于宏观基本面、行业景气度、流动性等因素的变化对资产价格带来的影响保持了密切的跟踪，并积极应对。两种投资风格下均存在众多优秀的基金经理，能够取得优异的长期业绩回报，但两种不同的风格会带来差异化的持有体验。投资者在购买前对基金经理的持股周期风格有明晰的认知，理解其投资理念，有助于找到适合自己的产品，在持有过程中保持更好的心态，最终获得较好的收益。

需要说明的是，基金经理的持股周期风格与其投资方法论有较大关联，可以用重仓股留存度指标衡量基金经理的持股周期情况。重仓股留存度指基金上一期重仓股票仍被当期重仓持有的概率。一般来说，价值风格基金经理持股周期相对较长，各期重仓股的留存度相对较高；而部分成长风格基金经理，在景气度投资框架下，持股周期则相对较短。以景顺长城价值领航两年持有期混合基金、景顺长城景气成长混合基金为例，两只基金在过去的重仓股留存度水平与各自的基金名称体现的投资方法论是高度匹配的。如图5-5、图5-6所示，价值领航基金重仓股留存度大多在70%以上，景气成长基金重仓股留存度在 35%～75%。

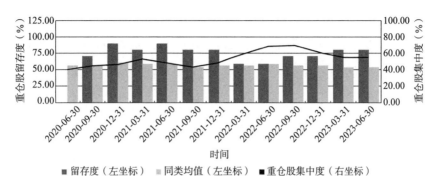

图 5-5　景顺长城价值领航两年持有期混合重仓股留存度

资料来源：上海证券基金评价研究中心，聚源

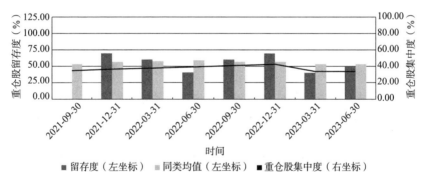

图 5-6　景顺长城景气成长混合重仓股留存度

资料来源：上海证券基金评价研究中心，聚源

5.2.3　基金全部持股

基金每半年会对所持有的全部股票情况进行披露，相较于前十大重仓股，全部持股情况不仅披露频率有所降低，披露时间也更为延后。一般来说，年中的持仓详情会在当年

8月末前发布的基金中报中披露，年末的持仓详情会在次年3月末前发布的基金年报中披露。

基金全部股票持仓信息有助于对基金经理的投资风格做出更为全面的判断。正如前文所提到的，若基金经理的持股相对分散，前十大重仓股在全部股票持仓中的占比较低，那么对基金经理风格的代表性就会减弱，关注其全部持仓也是十分必要的。在许多情况下，一些个股在成为基金经理的重仓股前往往会在重仓股以外的持仓中首先出现，这展示出基金经理对该公司或行业的关注。随着基金经理对其的研究和了解更为深入，判断更为明确，后期有可能会对其持续加大持仓。

可以对全部股票的估值水平、市值等维度做出统计，计算指标均值、规模加权均值、中位数等指标，或对属于不同风格的个股数量和持股规模进行统计，为判断基金经理风格提供依据。单一时点的持仓情况和时间序列上的持仓变化情况，都是判断基金经理风格时需要纳入考虑的信息。

比如，对全部股票的所属行业进行统计，可以得到基金整体的持股行业分布情况，识别出专注于某一行业主题或是覆盖全行业的基金经理；从时间序列上的行业分布变化情况，可以看到一些基金经理的行业偏好较为稳定，一些则会在行业间进行明显的大幅轮动。图5-7、图5-8和表5-4列示的基金持股行业分布情况代表几种典型的基金经理风格。

第 5 章 选择基金经理：路径和机构的经验

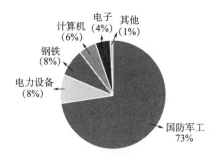

图 5-7 军工主题行业风格基金经理持股行业分布

资料来源：Wind，上海证券基金评价研究中心

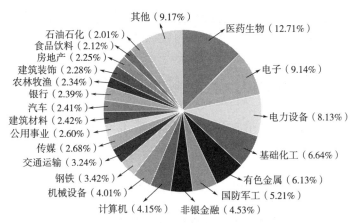

图 5-8 全行业投资风格基金经理持股行业分布

资料来源：Wind，上海证券基金评价研究中心

表 5-4 行业轮动风格基金经理持股行业分布

2020-06-30		2020-12-31		2021-06-30		2021-12-31		2022-06-30	
前十大权重行业	权重（%）	前十大权重行业	权重（%）	前十大权重行业	权重（%）	前十大权重行业	权重（%）	前十大权重行业	权重（%）
医药生物	21.50	食品饮料	23.51	电子	25.91	电力设备	27.22	电力设备	44.29
电力设备	13.97	电力设备	16.19	电力设备	19.97	传媒	20.56	国防军工	19.01
计算机	13.02	电子	10.66	基础化工	19.21	电子	13.17	电子	6.89
电子	10.89	有色金属	10.32	有色金属	6.32	国防军工	13.04	汽车	5.44

(续)

2020-06-30		2020-12-31		2021-06-30		2021-12-31		2022-06-30	
前十大权重行业	权重（%）	前十大权重行业	权重（%）	前十大权重行业	权重（%）	前十大权重行业	权重（%）	前十大权重行业	权重（%）
食品饮料	8.55	计算机	8.78	机械设备	5.89	有色金属	5.46	传媒	4.19
基础化工	6.99	基础化工	8.77	食品饮料	3.53	社会服务	4.54	有色金属	2.81
机械设备	5.86	医药生物	5.99	非银金融	2.96	计算机	2.82	通信	1.76
建筑材料	4.09	汽车	3.52	美容护理	2.41	非银金融	2.47	医药生物	1.45
建筑装饰	3.15	建筑材料	1.85	社会服务	0.96	机械设备	1.25	钢铁	0.79
商贸零售	2.96	交通运输	1.69	纺织服饰	0.89	汽车	1.05	房地产	0.62

注：数据来源于 Wind、上海证券基金评价研究中心。

5.2.4　案例分析——景顺长城策略精选

以基金经理张靖管理的景顺长城策略精选为例，尝试通过上述提及的方法完整地分析其投资风格。

首先看张靖的直播、路演及访谈。在 2022 年 3 月对张靖的访谈中，张靖直言："我的投资理念是自下而上选成长股，不选赛道，不择风格。选股时，对业绩的确定性要求比较高，对估值是有控制的。我的选股思维是，找到未来不太长时间内，比如说一年以内，进入快速成长期的公司，并且这个成长期有一定的持续性。"

关于市场大小盘风格轮动的问题，张靖认为："市场的变化大多是成长空间、确定性、价格性价比这三个底层因素驱动。比如大小盘轮动，表面看起来有一定统计规律，但底层逻辑还是大盘好的时候，小盘业绩不太好，成长性差一些。大盘

第 5 章 选择基金经理：路径和机构的经验

的业绩占优的时候，市场就是大盘风格，小盘业绩占优就是小盘风格，行业也是一样的。我们以年为维度，将风格拉出来看，会发现影响风格的因素无非就是业绩增速、确定性、性价比这三条。市场风格的切换从来不是空穴来风，底层的逻辑还是和基本面相关。所以，我对风格没有太大偏好，更关心公司的未来成长空间、业绩的确定性及投资的性价比。"

在行业方面，张靖表示："行业分类并不是真正的底层逻辑，重要的是按照每个公司和行业的商业模式和成长阶段去分析。我会去调研不同行业的公司，去把握最底层的核心矛盾。"

在投资周期方面，张靖表示："从我的统计和经验来看，大部分公司快速成长期限集中在 3 年左右。一个公司一般会进行 5 年规划，真正产生效果也就 2～3 年。基本就是 5 年一个机会，成长曲线持续 3 年，而我就做这 3 年。所以，我的换手率基本是一年 1～2 倍，要是市场估值提早兑现，我就会退出，继续寻找下一个标的。"

接下来，我们深入这只基金的历史持仓当中，分析验证张靖的投资风格。选择该基金的原因之一在于张靖自 2014 年 10 月以来即任职该基金，自 2015 年起单独管理该基金，较长的单独管理时长使得基金对基金经理风格的反映更为真实可靠（以上提及基金产品，仅供举例分析，不代表产品推荐及投资建议，投资需谨慎）。

认识基金经理的投资风格

大类资产配置情况方面，该基金合同规定将基金资产的0~95%投资于股票等权益类资产，将不低于5%的基金资产投资于债券等固定收益类品种。

近五年来，该基金股票资产占基金净资产比例在90%左右的水平上下波动，作为灵活配置型基金，基金股票仓位高于同类平均水平，在大类资产配置择时上较为克制，仓位波动并不十分明显（图5-9），基本保持了稳定的高仓位运作，体现出基金经理相对较高的风险偏好和较少择时投资风格。

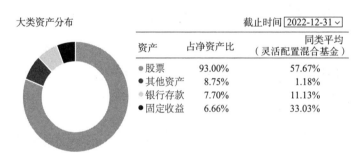

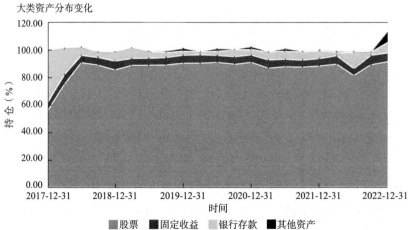

图 5-9 景顺长城策略精选大类资产配置情况

资源来源：上海证券基金评价研究中心，聚源债券的持仓比例在 5%～8% 波动，具体品种上，基本均为高流动性的利率债，不涉及信用债投资。由此可见，基金经理在债券资产上的配置更多体现的是一种仓位管理或流动性管理的作用，基金经理更多专注于股票投资，如图 5-10、图 5-11 所示。

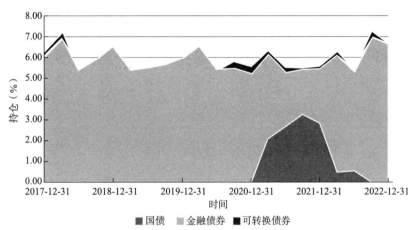

图 5-10　景顺长城策略精选持仓债券分布

资源来源：上海证券基金评价研究中心，聚源

债券代码	债券名称	持仓占比（%）	较上期变化	近4期占比变化
220201	22国开01	4.77	不变	
220304	22进出04	1.89	新进	
	合计	6.66	下降	

前五大重仓债券　　　　报告期 2022-12-31

图 5-11　景顺长城策略精选重仓持债情况

资源来源：上海证券基金评价研究中心，聚源

认识基金经理的投资风格

见表 5-5，股票行业配置方面，根据基金近三年的全部股票持仓情况，基金的行业分布分散，并有轮动迹象，可见基金经理并无明显偏好的行业，如在 2020 年末至 2021 年初曾阶段性高配基础化工，而近期则又降至较低仓位占比。这一点与张靖在访谈中的表述相吻合。

表 5-5　景顺长城策略精选持仓股票行业配置情况

行业	日期						
	2019-12-31	2020-06-30	2020-12-31	2021-06-30	2021-12-31	2022-06-30	2022-12-31
基础化工	8.42	13.85	32.84	26.34	5.82	8.06	5.54
医药生物	12.90	13.70	2.26	6.11	8.61	10.49	20.06
电子	13.96	13.62	10.55	9.03	4.41	4.03	15.00
电力设备	3.94	7.92	9.33	10.44	18.08	11.77	2.46
汽车	10.92	0.00	0.00	10.63	13.79	4.59	2.52
计算机	7.09	17.38	5.82	2.01	1.75	4.05	1.73
家用电器	0.00	0.01	0.13	0.00	0.00	13.66	20.42
机械设备	0.77	0.09	10.11	2.60	5.98	5.08	6.01
轻工制造	7.89	9.97	4.75	1.82	3.82	0.00	2.31
建筑材料	3.21	3.91	8.82	6.91	0.00	3.39	2.97
有色金属	0.00	2.72	5.85	6.89	6.51	2.46	0.00
国防军工	0.05	0.00	0.01	1.38	5.12	4.88	5.57
传媒	0.00	0.00	0.00	3.49	8.38	4.31	0.00
通信	4.53	0.04	0.00	0.00	2.37	2.39	6.17
农林牧渔	4.45	7.00	0.00	0.00	0.00	0.00	2.22
非银金融	11.00	0.00	0.00	0.00	0.00	0.00	0.00

第 5 章　选择基金经理：路径和机构的经验

（续）

行业	日期						
	2019-12-31	2020-06-30	2020-12-31	2021-06-30	2021-12-31	2022-06-30	2022-12-31
食品饮料	0.00	2.04	2.03	1.64	0.00	0.00	0.00
石油石化	2.66	0.01	0.00	0.00	2.56	0.00	0.00
社会服务	0.13	0.10	0.09	0.06	2.67	0.02	0.03
交通运输	0.00	0.00	0.01	0.00	0.00	1.80	0.00
煤炭	0.00	0.00	0.00	0.00	0.00	1.77	0.00
其他	0.00	0.00	0.00	0.00	0.00	0.00	0.00

股票风格方面，在基金经理近年来的重仓股中，可以看到 100 亿元以下市值的小盘股、数百亿元市值的中盘股、两三千亿元市值的大盘股，中盘股占比相对较大，如图 5-12 所示。价值成长维度的分布则呈现较大的波动趋势，并未展现出明显偏好，如图 5-13 所示。

	价值	平衡	成长
大盘	18	8	2
中盘	23	14	8
小盘	1	20	4

报告时间	股票风格
2022-12-31	均衡-均衡
2022-06-30	均衡-均衡
2021-12-31	均衡-均衡
2021-06-30	中盘-成长
2020-12-31	中盘-均衡
2020-06-30	中盘-成长
2019-12-31	均衡-均衡
2019-06-30	中盘-价值

图 5-12　景顺长城策略精选持仓股票风格箱

注：①数字代表该基金在各风格上的投资占比；②由于数据的四舍五入可能导致最终占比相加不为 100。

认识基金经理的投资风格

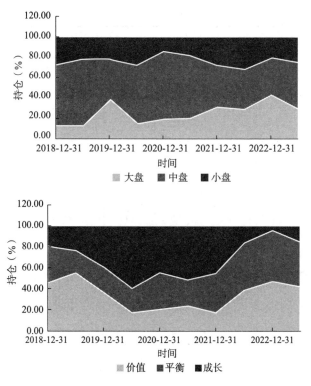

图 5-13 景顺长城策略精选持仓股票风格变化趋势

从基金重仓股特点来看，2022 年末基金的重仓股持仓金额占整体股票资产的 55%，如图 5-14 所示。重仓股的风格能在一定程度上反映整体持仓的风格，在基金并不披露全部持仓的一季度末和三季度末，投资者也可以根据重仓股情况大致判断基金的整体风格。

基金的重仓股留存度在 2020 年之前，有较多季度低于 30%，而近年来呈现上涨趋势，且高于同类平均，如图 5-15 所示。

第5章 选择基金经理：路径和机构的经验

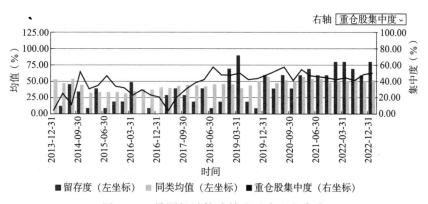

图 5-14 景顺长城策略精选前十大重仓股

图 5-15 景顺长城策略精选重仓股留存度

资料来源：上海证券基金评价研究中心，聚源

总结来看，从张靖的表述中可以看到，他的投资不挑赛道，不择风格。从实际持仓来看，其投资在行业上较为分散，大中小盘股票兼具，可以说做到了知行合一。需要说明的一点是，他介绍自己倾向于投资成长股，不过在价值成长风格维度层面，从持仓结果来看，其风格可能并没有在每个季度都是被

划分到成长风格中。一方面，由于公司市盈率等要素的变化，在不同的季报中可能被归类为不同风格的个股；另一方面，这样的差异可能也与基金经理对于成长股、价值股的认知与基金评价机构划分价值成长风格的定义并不统一有关。

通过基金的具体持仓信息分析了解基金经理风格是十分直接有效、易于理解的方式，但在实际运用中最大的障碍在于无法时时刻刻了解基金的持仓信息。如前文所提到的，仅能每季度获知基金的前十大重仓股信息，每半年获知基金的全部股票持仓信息，而全部持仓信息的披露时滞可长达 2~3 月。

对于基金持仓数据这样针对某一时间点的、多维度的信息，我们称之为"横截面"数据，与之对应是"时间序列"数据。"时间序列"数据能够更好地反映有关变化的信息，基金每日更新的净值数据就属于这样的数据类型。针对持仓信息的更新频率和信息时滞两大痛点，每交易日及时更新的基金净值数据能够很好地予以弥补。

5.3 更深入理解不同风格产品业绩

5.3.1 风格 β 与主动管理 α

"高风险、高收益"的观念早已深入人心，以承担更高风险作为代价，获得从数学期望角度而言更高的收益，是被广泛接受的理念。从基金经理风格的角度而言，投资者也应形成这样的认知：基金经理在多大程度上承担某一风格的风险，则也理应多大程度上获得该风格所对应的收益。不能奢望基金经理在抓住风格上涨红利的同时，又能精准逃离该风格回撤。换句话说，基金经理创造的收益，有相当一部分是来源于风格本身的，即风格 β，而剩下的超额部分则来源于基金经理的主动管理能力，即主动管理 α。

当投资者想选择特定风格的基金经理时，不仅希望基金经理的产品与该风格的走势一致，在该风格表现优异时抓住上涨机会，更希望基金经理能在此基础上实现超额收益。

以丘栋荣的代表基金 A 为例。该基金定位小盘风格，以小盘风格代表指数中证 1000 为主要业绩基准。从其成立以来的业绩走势可以看到，基金收益率与中证 1000 的走势总体一致，基金经理的小盘风格特质突出。

5.3.2 善用风格类型客观评价基金经理业绩

对于投资者来说，要想更客观地对基金经理的业绩表现进行评价和比较，最好将风格因素纳入考量。

比如，若基金经理所管理的基金对投资标的有严格限定，比如涉及行业投向的医疗主题基金、消费主题基金、军工主题基金，或是涉及股票特征的蓝筹风格基金、小盘风格基金等，

认识基金经理的投资风格

在评价基金经理的管理是否优秀时，参考的比较标准应该是相似风格的基金或特定的市场指数。当医疗板块整体表现糟糕时，无法苛求医药主题的基金经理仍能获取正收益，而应关注的是基金经理是否在医药主题基金中名列前茅，或是相对医疗行业指数能持续地跑出超额收益。

对于部分虽在基金合同层面未对投资风格做出明显约束，但实际操作上长期带有稳定、明显的风格偏好的基金经理，与相似风格基金或指数进行对比仍是更为合理的评价方式。当基金经理的风格已经被"标签化"时，对于其管理能力的评价很难与其风格割裂开来。投资于这样的基金经理，首先应该建立在对该风格本身认可的基础之上，其次是认定基金经理在该风格上是否具备超额创造能力。

对于全市场选股，并无明显风格偏好的基金经理，可以考虑对其业绩表现进行横向对比。尽管不同基金对于不同风格因子的暴露不尽相同，但对风格的选择本身也包含基金经理的判断能力。

实际上，从我国基金业三大权威奖项金牛奖、金基金奖、明星基金奖的评奖方法演变趋势中可以窥见，对基金的评价越来越强调基金风格的稳定，以及为持有人创造的实际回报。

在奖项设置上，金牛奖设立了卓越回报奖，考察基金管理公司给基民带来的回报情况，鼓励基金公司为基民回报做出更多努力。而基金经理稳定的风格特征，正是投资者建立

第5章　选择基金经理：路径和机构的经验

合理预期／提高实际回报的重要因素。

在金牛奖的评选方案（2022）中，若基金被认定投资范围超出了合同约定，或投资比例与约定不符，则将被取消参评资格。这意味着若在基金合同中对投资风格有相关约束的表述，基金经理也需要严格遵守。

以金牛奖股票型基金评奖方法（2022）为例，在定量指标部分，除重点考察基金风险调整收益指标，风格稳定性和契约遵守情况也分别占据20%、10%的评价权重。其中，在对契约遵守情况的衡量中，采用信息比率指标考察相对业绩比较基准的单位跟踪误差带来的超额收益。基金业绩比较基准在定量指标中的引入，成为把控基金经理投资风格的抓手。

基金评奖多采用定量评价与定性评价结合的方式，根据金基金奖评奖方法（2022），其评选宗旨与原则，除了优秀的业绩，将基金是否忠实履行基金契约、是否具备清晰的投资理念、是否保持鲜明的投资风格等同样列为重要参考指标。

本节介绍了认识基金经理的途径，着重阐释了如何通过持仓了解基金经理的风格，以及如何深入理解不同风格基金产品的业绩。一方面，希望通过对认识基金经理方法的介绍，帮助投资者习得相应的方法，从而更好地了解基金经理，选择适合自己的基金经理；另一方面，深入理解不同风格的产品业绩，也有助于投资者鉴别基金经理的业绩和能力，在阶段业绩不佳时，判断是因为市场风格不匹配还是其他，进而做出是坚守还是调整的选择。

> **扩展阅读**

基于持仓的业绩归因——Brinson 模型

基于基金持仓数据，专业机构会用到一套成熟的对基金业绩进行拆分归因的理论，被称为 Brinson 业绩归因模型，由 Brinson 和 Fachler 于 1985 年提出。模型将基金总收益划分为四个部分：基准收益（Benchmark Return, BR）、配置收益（Allocation Return, AR）、选证收益（Selection Return, SR）、交互收益（Interactive Return, IR）。

配置收益 AR 即通过区别于业绩基准的资产配置获得的相对于基准的超额收益，即假定实际组合的各类资产获得的收益率和基准相同，仅配置比例不同，计算整体收益率差异。选证收益 SR 即在同类型资产中，通过选择不同的证券获得的相对基准的超额收益，即假定实际组合对各类资产的配置比例和基准相同，而各类资产所获得的收益率水平不同，计算整体收益率差异。交互收益 IR 即为总体超额收益中剔除配置收益和选证收益之后的超额收益。

将 Brinson 模型应用到基金的投资组合层面，将基金的具体持仓行业分布情况和业绩比较基准对应的股票组合进行对比，结合资产的实际收益率，可以分析得出基金经理在行业配置和选股上的能力。

通过以上分解，不仅可以得出基金经理是更擅长在行业配置上获得超额收益，还是通过选股获取超额收益，还能得出具体在哪一细分行业上的超额收益获取能力更强。

在实际应用中，由于基金持仓信息披露频率较低，无法获知在报告时点之间的持仓变动情况，这对模型的计算结果精度会造成一定影响，因而持仓相对稳定，换手率较低的基金经理更适用于以上的分析框架。

虽然模型的计算相对烦琐，但如果投资者想将模型运用到具体基金中，一般不需要亲自手动计算，许多基金研究工具平台均已对相关模型算法内化，可以十分便捷地直接获得分析结果。基于对模型逻辑的理解，借助分析结果，投资者可以更好地理解基金经理风格。

5.4 专业人士和机构如何挑选基金经理

5.4.1 机构选基金经理的异与同

与个人投资者的投资流程类似，机构投资者在选择基金经

认识基金经理的投资风格

理时同样要遵循"先认识自己,再认识基金经理"的基本流程,这里的"认识自己"主要包括资金来源、资金的稳定性、投资期限、投资目标等方面。

机构资金来源和性质的不同决定了投资中不同的风险及风格偏好,就如同个人投资者在投资中需要考虑资金的潜在其他用途和预期使用时间。比如,保险资金一般体量较大,且投资期限较长,由于存在定期给付和预留赔付金的压力,保险机构在投资中倾向于更为稳定的投资收益,对回撤的容忍度较低,机构内部考核标准也多为绝对收益导向,因此,在投资策略上往往更为谨慎,擅长长线布局。

FOF或基金投顾组合的投资风格偏好则主要取决于产品或组合的定位。以公募养老FOF为例,现存产品有目标风险型和目标日期型两种分类模式,其中目标风险型中包含保守、稳健、平衡、积极等风险类型。保守、稳健型FOF,除了在权益类基金的配置比例较低,所配置的基金产品风格以稳健居多,见表5-6。

表5-6 不同目标风险类型FOF第一大持仓偏股型基金风格举例

FOF简称	FOF目标风险类型	第一大持仓主动偏股型基金	
		基金简称	基金持股风格
××保守养老一年持有混合(FOF)A	保守型	××稳健增值	大盘价值
××稳健养老目标三年持有期混合(FOF)A	稳健型	××星元价值	大盘价值

第5章 选择基金经理：路径和机构的经验

（续）

FOF 简称	FOF 目标风险类型	第一大持仓主动偏股型基金	
		基金简称	基金持股风格
××康宁平衡养老目标三年混合（FOF）A	平衡型	××军工改革	中盘成长
××积极养老目标五年持有混合发起式（FOF）	积极型	××价值优势	中盘成长

注：1.资料来源于上海证券基金评价研究中心、聚源。
　　2.截至 2022-12-31。

此外，目标日期型则以投资者预计退休年龄为分类标准，随着退休日期的逐渐临近，基金的资产配置和投资风格都逐渐趋向稳健和保守，与投资者个人的收入支出结构在生命周期中的分布规律相适应。

不同于个人投资者时常误判自己的风险承受能力，或对自己的投资目标没有清晰的规划，机构投资者对"自身"的认知往往是相对客观和理性的，多会在事先形成较为明晰的投资收益和风险控制目标，并制订清晰的投资计划，在投资过程中更注重纪律性。在制度规范的约束下，当组合触及风控底线或持有的某一基金产品表现与预期不符时，能够严格、及时地执行止损操作，以达到投资结果相对可控的效果。这正是许多个人投资者在投资实践中欠缺和值得借鉴的地方。

在认识基金经理的方法上，基金定期报告和基金经理路演访谈同样是机构投资者了解基金经理的重要途径。通过持仓和净值数据两大信息类型，借助数量化的专业分析工具，机构投资者能够更高效地从全市场维度寻找最适合的基金经理。此外，相比普通投资者，机构投资者能够更方便地调研、面对面接触基金经理，甚至借助他们共同的圈子更全面地认识基金经理，做出定性的判断。

机构投资者虽然能以多样化的模型和指标刻画基金经理的风格特征，并通过数学处理方法的优化尝试找到可持续的能力刻画指标，但同样无法完全摆脱历史业绩或操作对评价结果的过度影响，陷入以历史论未来的困境。当然，整体而言，机构投资者对基金经理的收益来源有更为深刻的认知，能够相对理性地看待，理解风险和收益的同源性。

如前文所述，基金经理风格和基金经理在相应风格上的超额收益获取能力均为分析和选择基金经理过程中需关注的重点。在风格的选择上，机构投资者相对于个人投资者而言有着不小的信息优势和人力资本优势，在庞大的研究团队支持和全面、高频的数据跟踪下，投资机构能够得到在理论、逻辑层面具有一定支撑的研究结论来指导投资。但即便如此，要在合适的时间选择最优的投资风格仍是困难重重，事实证明也确实鲜有机构能够长期做到有效的风格择时。这样的现实也给予个人投资者以启示，即分散化投资的意义非凡，当风格择时如此难以把握时，适度的分散就能够在更大程度上帮助投资者获得相对可控的投资收益。

深入本质来看，机构投资者与个人投资者在选择基金经理时其实遵循着相似的原则和理念，都是需要先正确认识自己，再认识基金经理，并按需匹配。在投资过程中，机构投资者的计划性和纪律性是值得广大个人投资者学习和借鉴的方面。凭借更专业的工具和方法运用，机构投资者能在基金经理的筛选中更为高效，但这种高效的需求主要源自资金体量，个人投资者同样也因较小的资金量具备更灵活和更广泛的投资选择优势，比如机构常常面临的大额限购等情况就较少影响个人。预测基金经理的表现无论是对个人还是对机构来说都是困难的，但正确认识基金经理仍是重要的。通过了解基金经理，投资者不仅能更好地了解自己投资的是什么，更好地进行组合配置，也能更深刻理解收益或亏损的来源，更理性地进行操作。

5.4.2 基金经理如何选基金经理

上文提到，FOF 或基金投顾组合的投资风格偏好主要取决于产品或组合的定位。FOF 基金经理或基金投顾组合的主理人在选择基金经理时，总体原则和基础流程与上文所述的机构投资者是相符的，需要首先基于产品或组合的定位框定大致的范畴，在事先形成较为明晰的投资收益和风险控制目标，借助多样化的模型和指标刻画基金经理的风格特征，进一步选择符合要求的基金经理。

在上述基础上，FOF 基金经理或者投顾组合经理再根据各自的理念,依靠自己的方法论挑选基金经理,不同基金经理在个人的具体方法论上可能存在差异。

下面以某基金基金经理L和景顺长城基金养老及资产配置部基金经理江虹为例,介绍基金经理是如何选基金经理的。

1. 基金经理L

基金经理L有着丰富的基金研究经历,曾在基金评价机构从事基金研究工作,也有在险资从事基金投资的经历。

在谈及基金经理选择理念时,基金经理L认为,稳定的投资风格至关重要,风格漂移的基金经理虽然可能会阶段性获得优异的业绩,但是由于其未来的投资风格无法预测,难以作为配置工具。对于投资业绩,基金经理L更关注长期业绩,并认为好的投资业绩是好的基金经理的必要而不充分条件。衡量业绩优劣时,科学的基金分类是前提,合理的考察周期同样重要。除了要考察相对长期的表现,还要独立考察各个不同阶段的收益,观察基金经理在不同市场风格环境下的表现,因为近 n 月、近 n 年的收益水平都容易被近期收益扭曲。

在对基金经理进行分析时,基金经理L首先会利用定量研究方法对基金经理的历史业绩进行业绩归因、相关性分析等,结合其他定量数据对基金经理的基本特征形成初步判断,其后会通过与基金经理面谈的方式对量化分析的结论进行验证。此外,基金经理的成长经历、基金公司的考核模式、投研文化等定性信息也是纳入考量的因素。

基金经理 L 形容 FOF 基金经理就像足球教练，需要了解每个球员的特征，摸清其是更适合做守门员，还是更适合做前锋、后卫，通过合理搭配打造一支攻守兼备的足球队。

在各类型基金的配置比例上，分为战略资产配置和战术资产配置两个维度。战略资产配置基于产品的风险定位，由资金性质和客户对收益率、波动率的预期水平等决定。战术资产配置则是根据对市场的判断，以战略资产配置为中枢做小范围的偏离。战略资产配置保证了投资组合的基本风险收益特性与投资者相匹配，战术资产配置则体现出管理人的专业价值，通过适度的择时为投资者更好地管理资产组合，并博取一定的超额收益（来源：上海证券根据公开资料整理）。

2. 基金经理江虹

江虹于 2021 年 7 月加入景顺长城基金，自 2021 年 9 月开始担任养老及资产配置部基金经理。江虹有 13 年证券、基金行业从业经验，目前管理两只养老 FOF 基金。在挑选基金经理时，江虹会从五大基础维度了解基金经理的能力。

（1）学历

虽然学历高并不代表基金经理的业绩一定好，但更高的学历能在一定程度上说明基金经理具备较强的自制力和学习能力。二级市场的更新迭代速度很快，长期业绩优秀的基金经理其实背后都花费了大量时间不断学习和进步，并不是简单的躺赢。

只有保持积极学习态度的基金经理，才有可能成功应对万变的市场环境，所以此自制力和学习能力非常重要。

（2）从业经历

从业经历主要看研究经历和投资经历，这些都会在公开资料中显示。研究经历的长短决定了基金经理的基本功是否扎实，投资经历的长短决定了基金经理的实战经验是否丰富。

投资年限较久的基金经理经历过更多的市场环境，一方面可以让投资者看到他在不同市场环境下的业绩，另一方面可以让投资者看到他是在不断进步的，随着投资年限的拉长，风格越来越稳定，方法论也越来越成熟。

（3）所属的基金公司

基金经理管理产品并不是单打独斗，公司研究员提供的研究质量非常重要。因此，投资者更希望找到头部或者投研文化更好的基金公司，一方面是这样的基金公司在人才培养上更体系化，以老带新不断传承；另一方面是研究实力更强，业绩可持续的概率更高，虽不能保证业绩的上限在什么水平，但能保证业绩的下限是比较高的。

（4）基金规模

对于基金规模，基金经理会有一个比较舒适的管理规模区间，随着管理规模的增大，一些基金经理的业绩可能会有所下滑。这并不是说大规模的基金就完全不能买，有些基金经理的风格也具备管理大规模基金的能力，比如一些换手很低、长期价值的基金经理。但大多数基金经理的业绩受规模的影响比较大，比如若看到这位基金经理的标签是高换手、交易能力、景气度、行业轮动等，不建议选择其管理的规模非常大的基金。

（5）过往业绩

虽然不能完全参考过往业绩买基金，但历史业绩对于分析非常有用。比如看这位基金经理在一些特殊市场环境下的表现，回溯他在当时的操作策略：市场下跌或者抱团瓦解的时候是否有效控制回撤？市场反弹的时候是否及时跟上？通过一些极端的市场环境，看基金经理更加适合什么样的风格。

更进一步，在主动权益基金经理的分类上，江虹会按照多个维度展开并交叉验证。

1）行业主题基金维度上，主要划分为行业主题型基金经理（消费基金经理、科技基金经理，或者新能源+科技基金经理）、行业均衡型基金经理、行业轮动型基金经理等。

2）风格维度上，主要按照经典的九宫格法进行成长平衡价值、大中小盘划分，并参考细分维度划分。每一类风格的分析视角会有一些差异，如基金经理的市场敏感度、成长/价值暴露情况、选股/选行业的能力分布、持有人体验度等。另外，若偏小盘风格，可能还需观测所投行业的景气度、渗透率等。

3）投资策略维度上，更加多元化，比如逆向投资、景气度投资、长期价值、深度价值、行业轮动、主动量化、GARP策略、低估值成长、灰马股策略等。

4）投资年限维度上，主要分为老将、中生代、新生代。老将的风格更稳定，投资方法更成熟，但也需要关注其学习能力的可持续性；中生代基金经理这几年人才辈出，且很多由单一风格向全能型发展，需重点关注基金经理能力圈的拓展情况；对新生代基金经理更多的是挖掘"潜力股"，需重点看该基金经理的业绩对规模的敏感度等。

在以上偏硬性的考察维度之外，江虹通过长期的实践从价值观等软性维度总结了优秀基金经理共有的特征，具体如下：

1）有较深的哲学认知。哲学本质上是人理解人、人认识人的理性活动，是研究世界基本问题和普遍问题的学科。在投资界经常会提到行为金融学，行为金融学是与心理学挂钩的大学科，立足点是人。人都有情绪和弱点，会因为市场波动而出现各种操作。而中国的哲学思考与行为金融学有异曲同工之处，比如《易经》在简易、变易和不易三个方面的观点对我们谋定而后动有很深刻的指导意义；它的此消彼长、对立统一、周而复始的辩证观和方法论，也让我们能够更冷静、更全面、更宏观地对待瞬息万变的市场。

2）有严谨的科学精神。这个就不用多说了，投资本身就具有科学性，是建立在宏观与微观相结合的数据分析基础上的。在科学的方法之上，基金经理还必须以"求真务实"的科学精神对待自己的投资框架和操作体系，敢于自我审视，敢于自我变革，这样才能迭代上升。

3）有自我改革的勇气和再生的决定。如果一位基金经理确实发现自己的一些操作出现了多次失误，那么一定要及时反省总结，避免以后犯同样的错误。只有善于反观自己，接受否定自己，敢于改变自己，才能不断走在操作、检查、改进的良性循环轨道之上。改革自己是需要智慧、心胸和勇气的，要按照严谨明辨的思路去做，才不会偏离正确的方向。

4）投资体系与性格自洽。投资体系与性格自洽是知己知彼中知己的表现和运用，虽然万法归一，但要得心应手。

5.5 如何看待基金经理的短期和长期业绩

回顾各类风格的历史表现不难发现，并没有一种风格能够永远领先。在不同时间阶段，在不同"主线行情"的引领下，不同的投资风格或因受益而风生水起，或因逆风而遭遇阻碍。基金经理的短期业绩表现，就受到这种风格波动的深刻影响。特定风格的基金经理，其短期业绩表现可能会随着考核区间的变化而出现一定波动。长期业绩则能在很大程度上将这种短周期的波动进行平滑，这也是我们在基金经理的评价、选择中着重强调长期性原则的重要原因。

总体而言，短期业绩的延续性或者说对未来的预测性甚微。对各年度普通股票型基金、偏股型基金中业绩排名位于各百分位区间的基金进行分组，共计分为十组，并对各组基金的次年表现进行跟踪。见表5-7，十组基金次年表现并未体现出显著的规律，拉长时间看，各组次年表现百分位数的长期均值多趋近于50%，即中等水平。这意味着，单年度业绩表现作为我们选择基金或基金经理的参考标准几乎是无效的。

表5-7　不同业绩排名百分位基金次年业绩表现情况

当年同类基金业绩排名百分位（%）	次年平均同类基金业绩排名百分位（%）
0～10	50.24
10～20	50.08
20～30	47.19
30～40	50.13
40～50	48.34
50～60	49.66
60～70	51.17
70～80	50.34
80～90	51.25
90～100	50.52

注：1. 数据来源于Wind、上海证券基金评价研究中心。

2. 次年平均指2014—2022年。

3. 基金样本包含的基金类型为普通股票型、偏股混合型。

如果说短期业绩对未来的预测性甚微，那么何谓长期？我们认为，所谓长期至少需要覆盖一轮牛熊周期，以尽量规避市场的周期波动对业绩造成的扰动。由中国证监会发布的《证券投资基金评价业务管理暂行办法》在阐述基金评价业务应遵循的原则时,就将长期性原则置于首位,强调对长期投资理念培育的重要性,以及短期、频繁的基金评价的不可取。

在我国现有的基金评级和评奖体系中,一般将3年作为最短的考核周期,更长的周期包括5年、7年甚至10年。一般来说,观察周期越长,所反映的信息越稳定,相应的奖项也越有分量。但同时需考虑到,我国证券业、基金业存续时间不长,市场正处在快速发展变化之中,现在与十几年前相比,证券市场可能已难以同日而语。

第 6 章
追随基金经理：结合投资风格实现投资目标

本章主要介绍对投资风格的追踪与运用，包括：如何判断基金经理的代表作品进而把握其投资风格，如何认识基金经理投资风格的稳定性，如何依据投资风格确定投资目标，如何依据投资风格构建自己的投资组合等。

6.1 追踪并评价基金经理的投资风格

6.1.1 把握代表产品与基金经理风格

作为基金经理风格的载体，基金产品所体现出来的各种特征是分析基金经理风格的重要信息源。然而面对同一基金经理管理着多只属性不同的基金产品，或是同一只基金产品

第6章 追随基金经理：结合投资风格实现投资目标

常出现不止一位基金经理管理的情形，投资者难免要发出疑问，到底哪只基金才能代表基金经理风格？

如同歌星的众多作品中总有一首传唱度最高的，基金经理管理的产品中也常会出现一只堪称代表作的基金。

以景顺长城基金经理鲍无可为例，纵观其担任基金经理以来管理的基金产品情况，景顺长城能源基建无疑是其代表产品的不二之选——鲍无可对该基金的管理贯穿其整个基金经理生涯，且除了任职初期的大半年，均为单独管理，其职业生涯中获得的重要奖项也多由该产品获得。

代表产品凝结着基金经理过往的成功投资经验，反过来也影响着基金经理投资体系和框架的形成和进化。可以看到，景顺长城能源基建在鲍无可任职以来长期维持了显著的价值风格（图6-1），其随后管理的多只基金产品的风格定位也保

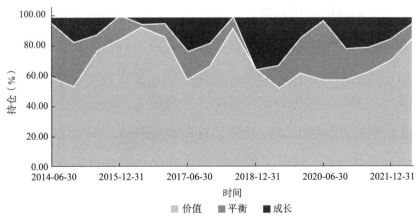

图6-1 景顺长城能源基建持仓股票价值成长属性

资料来源：聚源，上海证券基金评价研究中心

认识基金经理的投资风格

持在价值风格上,从基金命名上就可见一斑:"价值领航""价值稳进""价值边际""价值驱动",见表6-1。

表 6-1 鲍无可在任基金

产品名称	任职日期	近一年净值增长率(%)	同期基准收益率(%)	规模(亿元)
景顺长城能源基建A	2014-06-27	19.18	−10.66	55.52
景顺长城沪港深精选	2016-05-28	22.14	−11.74	44.68
景顺长城价值领航两年持有期	2020-03-23	20.61	−11.23	7.53
景顺长城价值稳进三年定开	2020-07-31	20.28	−7.45	20.86
景顺长城价值边际A	2020-08-31	20.97	−8.1	50.29
景顺长城价值驱动一年持有	2021-07-19	15.75	−5.37	4.44
景顺长城国企价值A	2023-05-30	—	—	12.31

注:1. 业绩、基准、规模及任职日期数据来源于定期报告,其他来源于上海证券基金评价研究中心、Wind。

2. 截至2023-06-30。

3. 基金规模为各份额合计规模。

对基金经理的代表基金产品风格有了把握,就如同掌握了基金经理的投资底色、了解了基金经理的偏好及擅长,在面对其管理的其他产品时,就能做到心中有数。在代表产品选取时,管理时长、是否为单独管理、管理规模、业绩等因素均是重要的参考标准。其中,较长的管理时长有助于投资者拉长时间维度对基金经理的投资操作规律、风格演变趋势进行连续分析;对产品的单独管理则确保基金投资行为来源于基金经理的独立决策;基金规模越大,意味着基金的业绩表现代表着越多投资者的实际利益;而基金业绩又与基金的规模高度相关,基金历史业绩表现越优异,往往越能吸引更

第6章 追随基金经理：结合投资风格实现投资目标

多投资者进行投资。

在某些情形下，基金经理代表性产品的选取可能并非那么容易。一是因为工作变动等原因，多数基金经理可能并不一定拥有连续、长期管理某只基金产品的经验；二是在实际操作中发现，基金经理在同一时期管理的产品，风格和业绩表现可能也不尽相同。

在实践操作中，为了更全面客观地评价基金经理，避免分析时间过短或仅分析业绩最好、规模最大的基金所带来的"幸存者偏差"，常常需要对基金经理管理的多只基金产品进行综合分析。

在业绩方面，专业基金评价机构将基金经理管理的同类型产品的业绩进行规模加权及拟合拼接处理，形成基金经理指数，使得尽可能连续、全面地分析较长一段时间内基金经理管理的权益型产品的净值表现规律成为可能。持仓分析方面，将基金经理各期管理的所有基金产品持仓情况进行汇总，使得投资者能够超越基金产品层面，从基金经理维度清晰获知大类资产分布、股票资产行业分布、重仓股情况及变化趋势，掌握基金经理的配置风格。

通过对基金经理多产品的业绩拼接、拟合及持仓信息的汇总，可以对基金经理生涯整体表现，在不同市场环境下的适应程度，比如在牛市中的收益获取能力、在熊市中的回撤控制能力、加减仓操作频率及成功率、行业偏好变迁等进行数量化分析，形成相对客观全面的评价，从而判断在特定的时间点，该基金经理是否适合自己。

6.1.2 风格清晰度及风格稳定性

在选择基金经理时，风格相对稳定的基金经理是更优的选择。我们依据一定的判断标准，将不同的股票划分为不同风格类型，根本出发点在于这些公司有着相似的属性。稳定的管理风格保证了基金经理对相应风格的投资标的有丰富的管理经验和足够深刻的认知，相对有更大概率创造出超额收益。此外，稳定的风格也更有利于投资者明确投资的风险暴露，更好地进行投资组合管理。但这并不意味着基金经理的风格必须一成不变，随着基金经理投资框架的进化和能力圈的拓展，风格发生渐进式的变化是十分正常的现象，但频繁或毫无规律的风格变迁则值得警惕。

另外值得注意的是，基于不同的分类维度对风格有着不同的划分标准，比如本书中着重介绍的市值划分维度、价值成长划分维度就是分别将市值、估值指标作为划分标准。当这种区分标准与基金经理在投资组合构建和投资标的筛选过程中长期看重的因素高度重合时，基金经理往往能在该维度上体现出典型的风格特征；而当风格分类的区分标准在基金经理的投资框架中并非重要的决定性因素时，基金经理在该维度上则往往体现为风格的模糊或多变，但如果仍能从基金经理的投资框架中找到一个更为贴切的核心标准，同样可以作为定义其风格的依据。

比如，若基金经理擅长从行业景气度出发，以行业轮动的思路构建组合，估值水平并非其首要考虑因素时，其价值成长属性可能显得相对随机：当基金经理看好银行地产板块的投资机会时，基金组合则展现出较强的价值风格；当认为传媒科技机会更多时，基金组合可能又转变为成长风格。在后一种情形中，虽然从价值成长维度来说，基金经理的风格称不上稳定，但若基金经理能形成一套稳定完善的行业景气度框架，指导其进行行业轮动，从某种程度上说不失为一种"稳定"的"行业景气度轮动"风格。

总结来说，稳定的投资风格反映的是基金经理相对稳定的投资框架和对相应领域的专注，不仅有利于超额收益的获取，也有利于投资者更好地管理组合风险，但衡量风格的维度是多样化而并非单一的，在运用中要避免过于刻板化。

6.2 依据基金风格构建投资组合

对于基金市场有了初步认知的投资者在配置多只基金时，其潜意识中可能会有"我要构建一个投资组合"的概念，比如把科技与消费基金搭配、把权益与固收搭配等，搭配的依据可能是基金的类型、投资的行业。不过在市场风格化明显的情况下，可以依据投资风格构建自己的组合。

6.2.1 均衡配置

对于绝大多数普通投资者来说，由于精力和专业上的限制，很难实时把握各类市场风格的优劣，因此，适度均衡的风格配置是更优的选择。均衡意味着分散，体现了一种朴素但普适的风控理念，即避免将风险集中暴露于同一类风格。同时，均衡的风格配置能够降低组合的整体波动水平，改善持有体验，有利于投资者保持相对平稳的心态，更长期地持有，最终获得更优的收益水平。

当然，适度的均衡并不意味着绝对的平均，在主题及行业配置上也不必面面俱到地去努力覆盖众多领域。我们倡导均衡配置的核心出发点，是要避免过度集中于特定风格，使得个别风格的极端波动给组合带来巨大影响，通过将资金适当分散地配置于相关性较低的不同风格板块，也能避免组合与市场整体涨跌情况偏离过大，从容面对波动。

6.2.2 风格维度的交叉运用

除了常见的市值维度和价值成长维度，基金筛选过程中常用的风格分类维度还有许多，如上海证券基金评价研究中心针对基金风格建立的标签体系囊括持仓及运作特征等多个维度。持仓风格方面，除了价值成长属性维度、规模属性维度，

第 6 章 追随基金经理：结合投资风格实现投资目标

还包括行业及主题偏好维度，以及基于 Barra 多因子模型的持仓因子暴露维度；运作风格方面，包括换手率水平、仓位波动水平，以及多个特定策略风格标签。

这些风格维度从不同角度揭示了基金投资的特点，且各维度之间也有关联与交叉。比如，以量化策略为运作特征的基金往往伴随着小市值特征，这是由于大市值公司往往已被多数研究机构、投资机构覆盖，市场对其的研究及定价相对充分，很难通过指标化的计算获取超额收益；而在数量众多、基本面研究覆盖尚不充分的小市值公司上，量化策略就更具有优势。又如，行业的发展阶段及特征决定了行业内的上市公司会表现出一些共性的特征，使得行业偏好常常会和风格偏好杂糅到一起：高配银行板块会使得组合价值属性明显增强，如科技主题对应成长风格、高配酿酒板块大概率会提高组合的大盘属性等。投资者了解这些风格间的关联特征，有助于更好地把握组合风格。

6.3 巧用基金风格把握投资机会

对于相对成熟的投资者来说，对于投资风格更进阶的运用，是在把握不同投资风格特点的基础上把握市场机会。比如，利用国证成长指数及国证价值指数，构建成长-价值相对收益指数。当成长-价值相对收益指数呈现上行走势，则代表成长风格在该阶段表现领先，反之则是价值风格领先。可以明显看到，价值、成长风格，以及大盘、小盘风格，分别处在一种交替领先的周期轮动中。

6.3.1 价值防守、成长进击

2019年以前的十余年中，价值风格的整体表现多数时候优于成长风格，领先幅度相对温和；2019年以后的近三年时间中，成长风格连续、大幅跑赢了价值风格；随后，价值风格又再次领先。同时可以注意到，近年来尤其是自2018年以来，成长风格的相对收益与市场涨跌的相关度显著提升，如图6-2所示。即近五年来，市场上涨时，成长风格往往表现更优；市场下跌时，价值风格往往表现更优。这主要源自两种风格的波动性特征：在上涨市中，成长风格凭借更高的弹性上涨幅度更大；在下跌市中，价值风格则相对稳健抗跌。

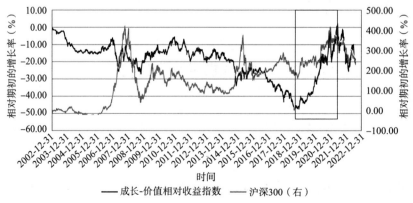

图6-2 成长-价值风格相对表现及沪深300指数

资料来源：聚源，上海证券基金评价研究中心

从这个角度而言，价值作为一种防御属性更强的风格，在市场机会不明朗时，可以作为基石仓位；而成长风格由于进攻性更强，在市场处在明显的上涨趋势之中时，可以适当增配。

6.3.2 投资风格中的逆向思维

大盘、小盘两种风格在历史上的阶段表现差异幅度更大，与市场的整体涨跌情况的相关性也未表现出明显的规律。若忽略短周期的强弱变化，从更长的周期视角来看，以 2016 年为分界线，市场先后经历了小盘大幅领先和大盘大幅领先两个阶段，这与注册制逐步推进，以及小盘股壳资源价值的逐渐降低有密切关联。从小周期的时间维度看，大小盘风格相对强弱受到两种风格的景气度水平、估值相对差异、市场流动性状况、增量资金结构等因素的多重影响，很难以单一指标作为判断依据。但总体来说，两种风格呈现一种"三十年河东，三十年河西"的规律，即没有一种风格能够长期保持优势。

历史上曾历经多轮风格轮动，当某种风格领先时，总会出现各种各样的逻辑去解释和论证这种风格领先的合理性，似乎这种优势将一直持续。但历史经验告诉我们，当某种风格的领先时长或幅度达到一定程度时，市场风格的转折随时会到来。如图 6-3 所示，回顾 2021 年初，连续弱势了五年的小盘风格经历又一轮下探。彼时，"小盘已死"的说法随处可见，各类市场参与者言必称"核心资产"，机构投资人多"以大为美"，各行业龙头公司被称作各类"茅"，"茅指数"应运而生，大盘风格热度可见一斑。不过，市场风格此后发生转变，小盘风格迎来重生，在AI浪潮的带领下众多小盘股迅速走强。

图 6-3　小盘-大盘风格相对表现及沪深 300 指数

资料来源：聚源，上海证券基金评价研究中心

"别人贪婪我恐惧，别人恐惧我贪婪"描述的是一种不随波逐流的逆向思维，在投资风格的选择中，在适度均衡配置的基础上，常备逆向思维，同样是十分有效的策略之一。若能达到"买在无人问津时，卖在人声鼎沸时"的最高境界，投资效率就大大提高了。

当然，无论是对优势风格的判断，还是对市场阶段的判断，都是十分困难的。以上提及的策略，可能对投资者的相关知识有较高的要求。我们以史为鉴，对历史数据进行归纳总结，尝试为今后的投资提供一些启示和参考，但市场的演绎虽然遵循着一定规律却又总有出人意料之处。而我们能够做的，就是尽量去多做更大概率正确的事，规避成功率较低的行为。

在基金投资中，较大概率正确的事情或许就是长期投资了。虽然近几年市场遭遇了较大的波折，但是拉长来看，无论是何种风格指数，还是何种类型的基金指数，在曲折中向上运行都是它们共同的特征。投资节奏的把握，既需要高度的专业性，也需要一定的运气，但不必执着于找到每个时期最适合的投资风格，或许在任何风格上坚持长期投资，等到这种风格迎来自己的舞台，就是最简单、最制胜的投资策略。

6.4 契合基金风格实现投资目标

在基金投资中，明确自己的投资目标是十分重要的环节，但有许多投资者并不知道如何制定合理的投资目标。不同人的投资目标是千差万别的，投资目标的制定与投资者自身的风险偏好、财务情况等诸多因素有关。一般而言，基金的业绩比较基准、市场大盘指数、各类基金指数、同类基金表现都是用来衡量比较基金表现的参考指标，也是投资者制定投资目标的参考。

认识基金经理的投资风格

对于投资者来说，在参考以上个人因素及各类衡量基金表现的指标之外，基金风格也是确定投资目标过程中需要参考的要素。

在相同的宏观环境下，不同风格的股票表现可能差异巨大。为了表征特定风格股票的整体市场表现，先后有多家指数研发机构针对不同的股票风格发布了风格指数，这些指数在分类维度和标准上各有差异，能够在很大程度上贴近特色各异的基金风格。

以申万风格指数系列为例，针对市值风格，其分别将市值排名前 200 名、201~600 名、601~1400 名的股票作为成分股编制大盘指数、中盘指数、小盘指数；针对估值风格，分别使用市盈率、市净率作为判定指标编制高市盈率指数、中市盈率指数、低市盈率指数及高市净率指数、中市净率指数、低市净率指数。国证指数发布的巨潮风格指数则在巨潮规模指数的基础上，进一步叠加价值成长属性，根据个股在价值因子、成长因子上的得分值，编制巨潮大盘成长指数、巨潮大盘价值指数、巨潮中盘成长指数、巨潮中盘价值指数、巨潮小盘成长指数、巨潮小盘价值指数。中信证券风格指数则采用行业作为分类维度，同样以中信证券编制的三级行业分类标准为基础，将属性相似三级行业聚类形成金融、周期、消费、成长、稳定五个风格指数。股票风格指数举例见表 6-2。

第6章 追随基金经理：结合投资风格实现投资目标

表6-2 股票风格指数举例

指数代码	指数名称	指数系列
801811.SI	大盘指数（申万）	申银万国风格指数
801812.SI	中盘指数（申万）	
801813.SI	小盘指数（申万）	
801821.SI	高市盈率指数（申万）	
801822.SI	中市盈率指数（申万）	
801823.SI	低市盈率指数（申万）	
801831.SI	高市净率指数（申万）	
801832.SI	中市净率指数（申万）	
801833.SI	低市净率指数（申万）	
399372.SZ	巨潮大盘成长	国证巨潮风格系列指数
399373.SZ	巨潮大盘价值	
399374.SZ	巨潮中盘成长	
399375.SZ	巨潮中盘价值	
399376.SZ	巨潮小盘成长	
399377.SZ	巨潮小盘价值	
CI005917.WI	金融（风格.中信）	中信证券风格指数
CI005918.WI	周期（风格.中信）	
CI005919.WI	消费（风格.中信）	
CI005920.WI	成长（风格.中信）	
CI005921.WI	稳定（风格.中信）	

注：数据来源于Wind。

对于风格特征鲜明且稳定的基金，使用特定的风格指数作为业绩参考或投资目标，能够更贴近基金的实际情况，也能够帮助投资者更为科学地看待基金业绩。比如，小盘风格

认识基金经理的投资风格

基金可能难以在大盘风格占优的市场中取得好的表现，若该基金的持有者因基金在逆风期表现落后而选择抛弃，则可能会错过其后续的表现。而若能对市场风格有清晰的认知，以风格指数作为投资目标，投资者更大概率能够保持耐心。

在风格鲜明且稳定的基金之外，还有一部分基金的风格相对不算鲜明，选择某种风格指数作为比较并不合适。基金分类将风险收益特征相似的产品归纳为同一整体，对于多数基金来说，与同类基金进行对比是评价基金表现的参考标准之一，但基金分类一般不会将基金风格因素考虑在内。这一方面是由于基金风格维度众多，以此作为基金分类标准可能形成分类过多、同类基金数量过小的局面；另一方面是由于基金风格也并非基金的稳定属性，比如依据市值划分的大中小盘风格可能会随着市值的波动而出现变化。

基于此，对于风格相对不算鲜明的基金产品来说，同类基金的平均收益水平是较为适宜的投资目标。

与认识人一样，认识基金经理是一件非常复杂的事情。通过业绩、经验等指标刻画基金经理通常只能描述其某一方面的特征，而投资风格是一项综合性的指标，涉及基金投资的方方面面，也是基金经理在投资这件事上思想、能力、行为的集中反映。因此，在诸多常用的业绩指标之外，本书尝试采用投资风格作为首要切入点，力求更全面地反映基金经理的综合特征，从而给投资者带来一定指导意义。

第6章 追随基金经理：结合投资风格实现投资目标

不过，关注投资风格的意义不仅在于投资者层面。对于基金公司来说，在基金经理的培养、发展和考量中，投资风格都应占据相当大的比重。鼓励基金经理厘清投资风格，能够在一定程度上帮助他们明确业绩归因，加深对自身投资框架的理解。进而，对投资者来说，更加稳定的投资风格有助于他们明白自己所购买的基金究竟会有什么样的风险收益特征，避免"开盲盒"，助力改善基金投资体验。

我们的尝试仍存在诸多不足，希望能够抛砖引玉，未来有更加成熟的相关内容呈现给投资者。表6-3是景顺长城基金基金经理鲍无可在管产品历史业绩，表6-4是景顺长城基金基金经理张靖在管产品历史业绩，供读者参考。

表6-3 景顺长城基金基金经理鲍无可在管产品历史业绩

基金名称 成立时间 风险评级 产品类型	项目	业绩增长率（%）						任职时间
		2018年	2019年	2020年	2021年	2022年	成立以来	
价值边际AC 2020-08-31 2022-06-02 中风险 混合型	A类/C类净值增长率	—	—	—	10.51	2.38/ 5.91	34.53/ 20.92	鲍无可 2020-08-31
	业绩比较基准收益率	—	—	—	-1.95	-13.01/ -4.09	-10.53/ -3.96	
能源基建A 2009-10-20 中风险 混合型	净值增长率	-13.15	14.81	14.08	18.44	1.09	293.76/ 18.45%	鲍无可 2014-06-27
	业绩比较基准收益率	-19.17	29.59	22.48	-2.86	-16.88	33.49/ 4.16%	
沪港深精选 2015-04-15 中风险 股票型	净值增长率	-12.42	20.62	23.69	8.43	2.24	89.20	鲍无可 2016-05-28
	业绩比较基准收益率	-16.87	20.47	10.68	-7.94	-16	-13.93	

认识基金经理的投资风格

（续）

基金名称 成立时间 风险评级 产品类型	项目	业绩增长率（%）						任职时间
		2018年	2019年	2020年	2021年	2022年	成立以来	
价值领航两年 2020-03-23 中风险 混合型	净值增长率	—	—	23.02	8.33	7.83	61.15	鲍无可 2020-03-23
	业绩比较基准收益率	—	—	32.80	−3.53%	−17.37	5.56	
价值稳进三年 2020-07-31 中风险 混合型	净值增长率	—	—	—	7.40%	2.04	32.14	鲍无可 2020-07-31
	业绩比较基准收益率	—	—	—	−4.68%	−10.52	−9.85	
价值驱动一年 2021-07-19 中风险 混合型	净值增长率	—	—	—	—	3.46	16.53	鲍无可 2021-07-19
	业绩比较基准收益率	—	—	—	—	−8.15	−13.69	
国企价值 2023-05-30 中风险 混合型	净值增长率	—	—	—	—	—	—	鲍无可 2023-05-30
	业绩比较基准收益率	—	—	—	—	—	—	

注：1. 数据来源于基金定期报告，截至2023-06-30。

2. 沪港深精选基金经理变动：黎海威曾于2017-12-13—2019-05-16担任沪港深精选基金经理。

3. 能源基建基金经理变动：余广曾于2010-05-29—2015-03-02担任能源基建基金经理。

表6-4　景顺长城基金基金经理张靖在管产品历史业绩

基金名称 成立时间 基金类型	项目	业绩增长率（%）						任职时间
		2018年	2019年	2020年	2021年	2022年	成立以来	
策略精选A 20130807 混合型	净值增长率	−20.21	44.03	63.21	49.13	−21.33	366.60	2014-10-25 至今
	业绩比较基准收益率	−9.32	20.09	15.25	0.50	−9.48	72.40	

第 6 章 追随基金经理：结合投资风格实现投资目标

（续）

基金名称 成立时间 基金类型	项目	业绩增长率（%）						任职 时间
		2018 年	2019 年	2020 年	2021 年	2022 年	成立以来	
中小盘混合 20110322 混合型	净值增长率	−21.07	40.51	29.58	12.98	−20.62	197.35	2022- 11-19 至今
	业绩比较基准 收益率	−25.51	26.38	23.08	9.65	−16.97	31.68	
中小创精选 20140430 股票型	净值增长率	−17.26	52.73	29.70	28.54	−20.38	198.44	2022- 11-19 至今
	业绩比较基准 收益率	−29.64	32.29	35.94	15.28	−20.87	114.87	
北交所精选两 年定开 20220823 混合型	A 类/C 类 净值增长率	—	—	—	—	—	−1.16/ −1.58	2022- 08-23 至今
	业绩比较基准 收益率	—	—	—	—	—	−6.05	

注：1. 数据来源于基金定期报告，截至 2023-06-30。

2. 策略精选基金经理变动：王鹏辉曾于 2013-08-07—2015-01-22 管理；中小盘混合基金经理变动：杨鹏曾于 2011.03.22—2018.01.29 管理，王鹏辉曾于 2011-03-22—2013-09-16 管理，李孟海曾于 2018-01-30—2022-11-18 管理。

3. 中小创精选基金经理变动：杨鹏曾于 2014-04-30—2015-06-03 管理，李孟海曾于 2015-03-03—2022-11-18 管理。

需要说明的是，上述观点是基于目前市场情况分析得出，具有时效性，仅供参考，不作为投资建议，投资需谨慎。基金是一种长期投资工具，其主要功能是分散投资，降低投资单一证券所带来的个别风险。基金不同于银行储蓄等能够提供固定收益预期的金融工具，购买基金产品时，既可能按持有份额分享基金投资所产生的收益，也可能承担基金投资所带来的损失。

认识基金经理的投资风格

最后,我们建议,在做出投资决策之前,请投资者仔细阅读基金合同、基金招募说明书和基金产品资料概要等产品法律文件和本风险揭示书,充分认识基金的风险收益特征和产品特性,认真考虑基金存在的各项风险因素,并根据自身的投资目的、投资期限、投资经验、资产状况等因素充分考虑自身的风险承受能力,在了解产品情况及销售适当性意见的基础上,理性判断并谨慎做出投资决策。